WARM WIE DIE HERBST-SONNE

GESCHICHTEN UND IDEEN FÜR DEN SPÄTSOMMER

Pattloch

Rezepte

INHALT

Geschichten und Gedichte

Der Herbst ist immer unsere beste Zeit.

Johann Wolfgang von Goethe

STRAHLENDE HERBSTTAGE

Nun liegt ein wunderbarer Sommer hinter uns und die Natur verwandelt sich langsam in ein Farbenmeer. Bevor der lange Winter kommt, leuchtet jetzt noch einmal alles auf. Die ersten bunten Blätter flattern im warmen Spätsommerwind, das Licht ist golden und weich, am Horizont ziehen die Vögel in den Süden. Die Vorboten des Herbstes zeigen sich, doch die Wärme des Sommers bleibt uns noch ein bisschen erhalten. In diesem Buch erwarten dich Geschichten, Rezepte und inspirierende Ideen rund um die herrlichen letzten Tage des Sommers und die ersten Herbsttage, die mindestens genauso schön sind.

Lass uns diese magische Zeit mit allen Sinnen genießen und feiern!

IM HERBST

Wilhelm Busch

Der schöne Sommer ging von hinnen,
Der Herbst, der reiche, zog ins Land.
Nun weben all die guten Spinnen
So manches feine Festgewand.

Sie weben zu des Tages Feier
Mit kunstgeübtem Hinterbein
Ganz allerliebste Elfenschleier
Als Schmuck für Wiese, Flur und Hain.

Ja, tausend Silberfäden geben
Dem Winde sie zum leichten Spiel,
Sie ziehen sanft dahin und schweben
Ans unbewusst bestimmte Ziel.

Sie ziehen in das Wunderländchen,
Wo Liebe scheu im Anbeginn,
Und leis verknüpft ein zartes Bändchen
Den Schäfer mit der Schäferin.

DER ALTWEIBERSOMMER

Wenn die ersten Herbsttage im September und Oktober besonders warm sind und sich ein goldener Schimmer über die Welt legt, befinden wir uns im sogenannten »Altweibersommer«.

Der Altweibersommer bezeichnet eine Schönwetterperiode mit einem stabilen Hochdruckgebiet, das den Sommer sanft ausklingen lässt. Das milde Wetter lässt zusätzlich die Herbstfarben besonders schön leuchten. Doch auch wenn sein Name so klingt – der Altweibersommer hat eigentlich gar nichts mit älteren Damen zu tun. Das Wort »Altweibersommer« stammt nämlich von *weiben*, einem altdeutschen Wort, das das Knüpfen von Spinnweben beschreibt. Im Spätsommer weben viele kleine, fliegende Spinnen fleißig ihre Netze. Diese Spinnweben sieht man besonders gut, wenn die Sonne scheint oder der Tau morgens auf den Feldern glitzert. Nach einem alten Glauben aus der germanischen Mythologie symbolisieren die Spinnweben die Lebensfäden der Menschen, die von den Schicksalsgöttinnen gesponnen werden.

In Nordamerika wird das Wetterphänomen des Altweibersommers auch als »Indian Summer« bezeichnet. Hier ist die Färbung der Blätter besonders intensiv und breitet sich von Norden nach Süden aus. Schon Ende August beginnt die Blattfärbung an den Berghängen Kanadas. Viele Menschen fiebern dieser besonderen Zeit entgegen und verfolgen online, wo die Blätterfärbung gerade am schönsten ist. Doch egal, wo du bist – der Altweibersommer ist eine flüchtige Zeit im Jahr und deshalb etwas ganz Besonderes.

Birnen-Crumble

Herbstzeit ist Birnenzeit! Dieses Birnen-Crumble schmeckt einfach himmlisch und macht Lust auf die goldene Jahreszeit.

Zutaten für ca. 3 Portionen

Für die Füllung

500 g Birnen ♦ 1 EL Zitronensaft ♦ 0,5 Pck. Vanillezucker ♦ 1 TL Zimt ♦ eine ofenfeste Auflaufform ♦ etwas weiche Butter für die Form

Für die Streusel

80 g Mehl ♦ 50 g brauner Zucker ♦ 1 Prise Salz ♦ 50 g kalte Butter

Optional zum Servieren

Vanilleeis und Puderzucker

Die Birnen schälen und entkernen. Anschließend in ca. 1 cm große Stücke schneiden und mit Zitronensaft, Vanillezucker und Zimt vermengen. Die ofenfeste Form mit etwas Butter einfetten und den Backofen auf 200 °C (Ober-/Unterhitze) vorheizen. Für die Streusel das Mehl mit Zucker und Salz vermischen. Die Butter in Würfel schneiden und dazugeben. Alles zu einem krümeligen Teig verkneten. Die Birnenwürfel in die Form füllen und mit den Streuseln bedecken. Für 20 Minuten im Backofen backen und warm servieren. Am besten schmeckt das Birnen-Crumble mit Puderzucker und Vanilleeis.

HERR VON RIBBECK AUF RIBBECK IM HAVELLAND

Theodor Fontane

Herr von Ribbeck auf Ribbeck im Havelland,
Ein Birnbaum in seinem Garten stand,
Und kam die goldene Herbsteszeit
Und die Birnen leuchteten weit und breit,
Da stopfte, wenn's Mittag vom Turme scholl,
Der von Ribbeck sich beide Taschen voll,
Und kam in Pantinen ein Junge daher,
So rief er: »Junge, wiste 'ne Beer?«
Und kam ein Mädel, so rief er: »Lütt Dirn,
Kumm man röwer, ick hebb 'ne Birn.«

So ging es viel Jahre, bis lobesam
Der von Ribbeck auf Ribbeck zu sterben kam.

Er fühlte sein Ende. 's war Herbsteszeit,
Wieder lachten die Birnen weit und breit;
Da sagte von Ribbeck: »Ich scheide nun ab.
Legt mir eine Birne mit ins Grab.«
Und drei Tage drauf, aus dem Doppeldachhaus,
Trugen von Ribbeck sie hinaus,
Alle Bauern und Büdner mit Feiergesicht
Sangen »Jesus meine Zuversicht«,
Und die Kinder klagten, das Herze schwer:
»He is dod nu. Wer giwt uns nu 'ne Beer?«

So klagten die Kinder. Das war nicht recht –
Ach, sie kannten den alten Ribbeck schlecht;
Der neue freilich, der knausert und spart,
Hält Park und Birnbaum strenge verwahrt.
Aber der alte, vorahnend schon
Und voll Misstraun gegen den eigenen Sohn,
Der wusste genau, was damals er tat,
Als um eine Birn' ins Grab er bat,
Und im dritten Jahr aus dem stillen Haus
Ein Birnbaumsprössling sprosst heraus.

Und die Jahre gingen wohl auf und ab,
Längst wölbt sich ein Birnbaum über dem Grab,
Und in der goldenen Herbsteszeit
Leuchtet's wieder weit und breit.
Und kommt ein Jung' übern Kirchhof her,
So flüstert's im Baume: »Wiste 'ne Beer?«
Und kommt ein Mädel, so flüstert's: »Lütt Dirn,
Kumm man röwer, ick gew' di 'ne Birn.«

So spendet Segen noch immer die Hand
Des von Ribbeck auf Ribbeck im Havelland.

DIE FÜNFTE JAHRESZEIT

Kurt Tucholsky

Die schönste Zeit im Jahr, im Leben, im Jahr? Lassen Sie mich nachfühlen.

Frühling? Dieser lange, etwas bleichsüchtige Lümmel, mit einem Papierblütenkranz auf dem Kopf, da stakt er über die begrünten Hügel, einen gelben Stecken hat er in der Hand, präraffaelitisch und wie aus der Fürsorge entlaufen; alles ist hellblau und laut, die Spatzen fiepen und sielen sich in blauen Lachen, die Knospen knospen mit einem kleinen Knall, grüne Blättchen stecken fürwitzig ihre Köpfchen … ä, pfui Deibel! … die Erde sieht aus wie unrasiert, der Regen regnet jeglichen Tag und tut sich noch was darauf zugute: ich bin so nötig für das Wachstum, regnet er. Der Frühling –?

Sommer? Wie eine trächtige Kuh liegt das Land, die Felder haben zu tun, die Engerlinge auch, die Stare auch; die Vogelscheuchen scheuchen, dass die ältesten Vögel nicht aus dem Lachen herauskommen, die Ochsen schwitzen, die Dampfpflüge machen Muh, eine ungeheure Tätigkeit hat rings sich aufgetan; nachts, wenn die Nebel steigen, wirtschaftet es noch im Bauch der Erde, das ganze Land dampft vor Arbeit, es wächst, begattet sich, jungt, Säfte steigen auf und ab, die Stuten brüten, Kühe sitzen auf ihren Eiern, die Enten bringen lebendige Junge zur Welt: kleine pipsende Wolleballen, der Hahn – der Hahn, das Aas, ist so recht das Symbol des Sommers! er preist seinen Tritt an, das göttliche Elixier, er ist das Zeichen der Fruchtbarkeit, hast du das gesehn? und macht demgemäß einen mordsmäßigen Krach … der Sommer –?

Herbst? Mürrisch zieht sich die Haut der Erde zusammen, dünne Schleier legt sich die Fröstelnde über, Regenschauer fegt über die Felder und peitscht die entfleischten Baumstümpfe, die ihre hölzernen Schwurfinger zum Offenbarungseid in die Luft strecken: Hier ist nichts mehr zu holen … So sieht es auch aus … Nichts zu holen … und der Wind verklagt die Erde, und klagend heult er um die Ecken, in enge Nasengänge wühlt er sich ein, Huuh macht er in den Stirnhöhlen, denn der Wind bekommt Prozente von den Nasendoktoren … hochauf spritzt brauner Straßenmodder … die Sonne ist zur Kur in Abbazia … der Herbst –?

Und Winter? Es wird eine Art Schnee geliefert, der sich, wenn er die Erde nur von weitem sieht, sofort in Schmutz auflöst; wenn es kalt ist, ist es nicht richtig kalt, sondern nasskalt, also nass … Tritt man auf Eis, macht das Eis Knack und bekommt rissige Sprünge, so eine Qualität ist das! Manchmal ist Glatteis, dann sitzt der liebe Gott, der gute, alte Mann, in den Wattewolken und freut sich, dass die Leute der Länge lang hinschlagen … also, wenn sie denn werden kindisch … kalt ist der Ostwind, kalt die Sonnenstrahlen, am kältesten die Zentralheizung – der Winter –?

»Kurz und knapp, Herr Hauser! Hier sind unsere vier Jahreszeiten. Bitte: Welche –?«

Keine. Die fünfte.

»Es gibt keine fünfte.«

Es gibt eine fünfte. – Hör zu:

Wenn der Sommer vorbei ist und die Ernte in die Scheuern gebracht ist, wenn sich die Natur niederlegt, wie ein ganz altes Pferd, das sich im Stall hinlegt, so müde ist es – wenn der späte Nachsommer im Verklingen ist und der frühe Herbst noch nicht angefangen hat –: dann ist die fünfte Jahreszeit.

Nun ruht es. Die Natur hält den Atem an; an andern Tagen atmet sie unmerklich aus leise wogender Brust. Nun ist alles vorüber: geboren ist, gereift ist, gewachsen ist, gelaicht ist, geerntet ist – nun ist es vorüber. Nun sind da noch die Blätter und die Gräser und die Sträucher, aber im Augenblick dient das zu gar nichts; wenn überhaupt in der Natur ein Zweck verborgen ist: Im Augenblick steht das Räderwerk still. Es ruht.

Mücken spielen im schwarz-goldenen Licht, im Licht sind wirklich schwarze Töne, tiefes Altgold liegt unter den Buchen, Pflaumenblau auf den Höhen … kein Blatt bewegt sich, es ist ganz still. Blank sind die Farben, der See liegt wie gemalt, es ist ganz still. Boot, das flussab gleitet, Aufgespartes wird dahingegeben – es ruht.

So vier, so acht Tage –

Und dann geht etwas vor.

Eines Morgens riechst du den Herbst. Es ist noch nicht kalt; es ist nicht windig; es hat sich eigentlich gar nichts geändert – und doch alles. Es geht wie ein Knack durch die Luft – es ist etwas geschehen: so lange hat sich der Kubus noch gehalten, er hat geschwankt …, na … na …, und nun ist er auf die andere Seite gefallen. Noch ist alles wie gestern: die Blätter, die Bäume, die Sträucher … aber nun ist alles anders. Das Licht ist hell, Spinnenfäden schwimmen durch die Luft, alles hat sich einen Ruck gegeben, dahin der Zauber, der Bann ist gebrochen – nun geht es in einen klaren Herbst. Wie viele hast du? Dies ist einer davon. Das Wunder hat vielleicht vier Tage gedauert oder fünf, und du hast gewünscht, es solle nie, nie aufhören. Es ist die Zeit, in der ältere Herren sehr sentimental werden – es ist nicht der Johannistrieb, es ist etwas andres. Es ist: optimistische Todesahnung, eine fröhliche Erkenntnis des Endes. Spätsommer, Frühherbst und das, was zwischen ihnen beiden liegt. Eine ganz kurze Spanne Zeit im Jahre.

Es ist die fünfte und schönste Jahreszeit.

SPÄTSOMMER-ABENTEUER

Noch sind die Tage warm und hell. Jetzt ist also die perfekte Zeit, um noch ein paar kleine Abenteuer zu erleben, an deren Erinnerungen du dich im Winter wärmen kannst. Sogenannte »Mikroabenteuer« lassen sich ohne viel Zeit, Geld und Aufwand vor der eigenen Haustür erleben, du musst nicht weit reisen oder besonderen Mut aufbringen. Trotzdem sind sie eine wunderbare kleine Auszeit vom Alltag und werden oft zu den schönsten Erlebnissen.

DAS MACHT IM SPÄTSOMMER BESONDERS VIEL SPASS:

BEI REGEN SPAZIEREN GEHEN

PILZE UND BEEREN SAMMELN

SPÄTSOMMERBLUMEN PFLÜCKEN ...

... UND SIE ZWISCHEN BUCHSEITEN PRESSEN

EIN PICKNICK MACHEN

AN EINER WEINWANDERUNG TEILNEHMEN

MIT DEM KANU AUF EINEM SEE FAHREN

MIT FREUNDEN ÜBER EINEM LAGERFEUER STOCKBROT BACKEN

DEN SONNENUNTERGANG AN EINEM BESONDEREN ORT BESTAUNEN

IM GARTEN ODER WALD ZELTEN

ZU FUSS EINEM FLUSS FOLGEN

DER SOMMER, DER VERGEHT,
IST WIE EIN FREUND,
DER UNS LEBEWOHL SAGT.
Victor Hugo

Herbst-flammkuchen

Flammkuchen ist im Herbst ein echter Klassiker. Ursprünglich stammt er aus dem Elsass. Dort wird er traditionell mit rohen Zwiebeln, Speck und Sauerrahm zubereitet. Wir backen uns heute aber eine herbstliche Variante.

Zutaten für ein Blech

Für den Teig

225 g Weizenmehl ♦ 1 EL Olivenöl ♦ 1 Eigelb ♦ 1 Prise Salz ♦ 100 ml lauwarmes Wasser

Für den Belag

150 g Crème fraîche ♦ 200 g Kürbis ♦ 1 rote Zwiebel ♦ 3 EL Honig ♦ 1 halbe Birne ♦ 120 g Feta ♦ Salz und Pfeffer

Das Mehl, Olivenöl, Eigelb, Salz und Wasser zu einem glatten Teig kneten. Den Teig dann in Frischhaltefolie einwickeln und für etwa eine halbe Stunde bei Zimmertemperatur ruhen lassen. Währenddessen den Kürbis, wenn nötig, von Kernen und Fasern befreien und in Spalten zerteilen. Diese, je nach Sorte, schälen und in möglichst dünne Scheiben schneiden. Die Zwiebel in dünne Ringe zerteilen.

Kürbis, Zwiebel und Honig vermischen und die Masse etwas ziehen lassen. Die halbe Birne in dünne Spalten schneiden.

Den Backofen auf 225 °C (Ober-/Unterhitze) vorheizen. Anschließend den Teig dünn ausrollen und auf das Blech legen. Mit Crème fraîche bestreichen und mit Kürbis, Zwiebel und Birne belegen.

Zuletzt noch den Feta zerbröseln und über die restlichen Zutaten streuen. Mit etwas Salz und Pfeffer würzen und den Flammkuchen für etwa 15-20 Minuten backen, bis er knusprig ist.

BUNTE HERBSTREISEZIELE

Wenn auf den heißen Sommer allmählich kühlere Tage folgen und die Welt sich bunt färbt, ist natürlich eine besonders gute Zeit gekommen, um einen Ausflug oder einen Kurzurlaub einzulegen. Hier sind ein paar Ideen für jede Himmelsrichtung.

Schlösserherbst, Mecklenburg-Vorpommern

Lust auf ein kulturelles Herbsthighlight? Dann auf nach Mecklenburg-Vorpommern. Hier finden jeden Oktober Konzerte, Lesungen, Führungen und Ausstellungen in zahlreichen alten Gemäuern zwischen der Mecklenburgischen Seenplatte und der Ostseeküste statt.

Burg Eltz, Rheinland-Pfalz

Ein Besuch auf dieser Burg lässt das Gefühl aufkommen, geradewegs in ein Märchen gestolpert zu sein. Im Herbst, wenn die Wälder, die die Burg umgeben, in den schönsten Farben leuchten, ist ein Besuch hier besonders lohnenswert.

Elsass, Frankreich

Malerische kleine Dörfer, Weinfeste und bunt gefärbte Weinberge, die zum Schlendern einladen – das findest du direkt hinter der französisch-deutschen Grenze im Elsass. Hier kannst du den Herbst ganz besonders genießen!

Insel Pellworm, Schleswig-Holstein

Einfach mal den Kopf freipusten lassen – das geht besonders gut auf der Nordsee-insel Pellworm, mitten im Wattenmeer. Pack deinen Drachen ein und genieße nach einem Strandspaziergang eine gemütliche Teepause in einem der Inselcafés.

Allgäu, Bayern

Indian Summer in Deutschland? Das kannst du – zumindest ein wenig – im Allgäu erleben. Lasse deinen Blick über ein Meer aus leuchtend gelben und flammend roten Bäumen schweifen und genieße dabei die letzten warmen Sonnenstrahlen des Jahres.

SONNTAGE EINES GROSSSTÄDTERS IN DER NATUR

AUGUST

Curt Grottewitz

Auf einem schmalen Grenzrain schlenderte Herr Tanzmann zwischen den leeren Stoppelfeldern dahin. Die Ernte war vorüber, zwischen den gelben Roggenstoppeln machte sich schon das Grün der Ackerwinden, der Quecken und der durch Körnerausfall entstandenen neuen Roggenhalme bemerkbar, die Haferfelder dagegen, die erst vor wenigen Tagen abgeerntet sein mochten, machten jetzt einen vollständig vegetationslosen Eindruck.

O weh, dachte Herr Tanzmann, das ist nun unser deutscher Sommer. Erst wartet man von Anfang März vier Monate lang, bis er kommt, und wenn er da ist, dann nehmen die Tage wieder ab und der Wind pfeift über die leeren Stoppeln.

Der Wind pfiff freilich nicht, sondern es herrschte eine vollkommene Stille. Es war sogar etwas schwül. Die Luft war mit Wasserdampf erfüllt und am Horizonte hingen schwere weißgezackte Gewitterwolken. Nur an dieser Wetterstimmung konnte Herr Tanzmann den Hochsommer noch erkennen, denn auch auf dem grasigen Feldrain blühten nur solche Blumen, die noch lange dem Herbste widerstehen, die Schafgarbe mit ihren weißen Doldentrauben, die blaue Cichorie, gelbes Habichtskraut und der weiße Kriechklee.

Die Felder endigten an einem welligen, schluchtenreichen Terrain, das mit kleinen Buschwäldchen besetzt war, die durch grüne Gründe und weiße Sandhügel voneinander getrennt waren. Herr Tanzmann streifte mitten durch das Gebüsch hindurch, das bereits das dunkle Grün des Hochsommers zeigte und an welchem Insektenfraß und Pilzbefall ihre Spuren hinterlassen hatten. Auf den Blättern der Espen waren große schwarze Flecke und das Laub des Spindelbaumes war von Raupen fast ganz zerfressen. Trotzdem regte sich noch immer die schaffende Kraft der warmen Jahreszeit. Die Eichenbüsche und die Faulbaumsträucher waren immer noch in kräftigem Wachstum und ihre Triebe entwickelten immer neue zarte Blätter. Allein die Früchte von Bäumen und Sträuchern begannen bereits zu reifen. Mit gelbroten Beeren überschüttet, prangten die Ebereschen herrlich am Rande des Waldes, neben ihnen belebte der Hartriegel mit seinen grünschwarzen, die Berberitze mit ihren ziegelroten und der Schneeballstrauch mit seinen jetzt gelblichen Früchten das Grün der Natur. Des Wanderers Augen ergötzten sich an diesem bunten Kleid des Waldes, der noch bei voller Sommerkraft doch schon die herrlichen bunten Insignien des Herbstes trug. Er versenkte sich in die Tiefen der Naturrätsel und in die Ideen der Menschen, die die Übergänge wenig beachten und überall schroffe Gegensätze wünschen. In diese Gedanken vertieft, achtete er wenig des Weges, sodass er beinahe über die Menschen gestolpert wäre, die hinter einer breiten Hainbuche lagen und Skat spielten.

Die Spieler, anscheinend gut situierte Leute, waren über die plötzliche Unterbrechung ihrer Hantierung sehr erbost und schrien ihn an:

Nanu, man sachte! Sie können wohl nicht kieken, Mann?

Da kamen sie aber bei Herrn Tanzmann schlecht an. Dessen Gemütsart war so beschaffen, dass er selten die Gelegenheit vorübergehen ließ, eine Derbheit zu sagen, besonders wenn sie sich so schön bot wie hier. Er sagte also:

Was? Ihr wagt noch, Euern Mund aufzutun, Ihr hohläugigen Spieler! Ihr, die Ihr einem hier die Wege versperrt und die Luft mit Euerm infamen Gewerbe verpestet! Schert Euch damit in eine alte Spelunke, wo der Tag nicht hinscheint! Aber hier bei hellem Sonnenlicht den Gesang der Vögel mit Eurem »Null ouvert« und »ich passe« zu überschreien und die grüne Natur anzuskaten, dazu gehört eine Portion Vandalismus, meine Herren, der mit dem Galgen bestraft werden sollte!

Sprach's und ging wütend hinweg. Die drei Herren sahen einander verdutzt an, als ob ein Irrsinniger in ihren Kreis getreten wäre. Dann aber kamen sie wieder zu sich und schickten dem Weggehenden eine Auswahl gediegener Sonntagsschimpfwörter nach: »Sie alter Fatzke!« »So'n Dussel!« und andere mehr.

Herr Tanzmann eilte schnell weiter, ärgerlich auf sich und die heutige Kultur, und warf sich schließlich unter einer alten Eiche ins Gras. Der Himmel hatte sich mehr und mehr verschleiert und die Luft war noch schwerer und schwüler geworden. Der Wasserdunst umhüllte die ganze Natur mit einem dünnen, weißen Flor. Herr Tanzmann legte sich erschlafft auf den Rücken und sah hinauf in die breite Krone des Baumes. Ein paar Ei-

cheln, die noch grün waren, aber bereits ihre natürliche Größe hatten, fielen herab in Herrn Tanzmanns Gesicht.

Wohl mir, dachte dieser, dass die Eiche kein Kürbis ist, oder vielmehr keine Kokos- oder gar Seychellenpalme, denn wenn die einem eine Zentnernuss auf den Schädel wirft, dann ist man für immer von Kopfschmerzen befreit. Schade, dass es bei uns keine solchen Bäume gibt, denn dann würden selbst Skatspieler mehr Interesse für den Baum haben, unter dem sie sich lagern, und der naturwissenschaftliche Sinn würde bedeutend wachsen!

Herr Tanzmann ruhte noch ein Weilchen aus und sah den Ameisen zu, die an dem borkigen Stamm der Eiche auf- und abgingen und da, wo ihre Wege sich kreuzten, einander mit den Fühlern betasteten.

In den Furchen der Borke hatten sich Raupen eingesponnen und auf den Blättern bemerkte er hie und da kleine kugelrunde Wucherungen, die durch den Stich der Eichengallwespe hervorgerufen worden waren. Dann sprang Herr Tanzmann auf und trabte weiter.

Zunächst ging er an einem Grunde hin, dessen Gras jetzt vor dem zweiten Schnitt sehr hoch emporgeschossen war. Eine Menge Blumen, blaue Brunellen, rote Kuckucksnelken, weißes Sumpfherzblatt und vielfarbiger Augentrost schmückten das Grün des Grases mit bunten Flecken. Beim Vorübergehen scheuchte der Wanderer eine Menge von Grashüpfern auf, die mit ihren weiten Sprüngen ein stetes knisterndes Geräusch hervorbrachten.

Als Herr Tanzmann wieder an den Rand eines neuen Buschwäldchens gelangte, erwarteten ihn hier reichbehängte Himbeer- und Brombeersträucher. Er nahm die Einladung zu dem leckeren Mahle dankbar an und das Bewusstsein, hier genießen zu können, ohne dass Angebot und Nachfrage den Preis bestimmten, ohne dass überhaupt von Preis und Geld die Rede war, erhöhte den Genuss,

ganz abgesehen davon, dass die Ware zweifelsohne frisch und nicht durch die Fortschritte der Chemie verfälscht war. Einige Meter von den Fruchtsträuchern entfernt standen ein paar alte stämmige Hollunderbüsche, deren bereits reifende Beeren eine Schar Singvögel angelockt hatten. Die sangen dort beim Schmause in allen Tonarten melodienreiche Lieder der Freude. Herr Tanzmann hätte gern mit eingestimmt, denn er war wieder eitel Lust und Wohlbehagen; aber Gesang war ja seine schwache Seite, das heißt, er war im Herzen voller Melodien, aber er brachte es nicht heraus, nicht einmal mit Pfeifen.

Die Sonne wurde jetzt immer matter und am Südwesthimmel zog eine schwere schwarze Wolkenwand heraus. Ein paar Schwalben, die sich hier in die Gegend verirrt hatten, flogen tief am Erdboden dahin. Der Wanderer wurde von Fliegen und Stechmücken gepeinigt, die sich jetzt wie besessen auf seinen Händen und an seinem Halse festsaugten.

O weh, sagte Herr Tanzmann zu sich, diesmal bekommen wir ein Donnerwetter, aber nicht zu knapp!

Und er sah sich nach irgendeinem Unterschlupf um, fand aber nichts, da er bei Gewitter nicht unter einem hohen Baum Schutz suchen wollte. So blieb ihm nichts übrig, als sich dem Dorfe zuzuwenden, das etwa eine halbe Stunde entfernt am Ende einer langgestreckten Erdrinne lag, die von dem hügeligen Terrain seitwärts abbog. Herr Tanzmann beeilte sich, denn er wusste, dass ein Gewitter sehr schnell heranzieht. Er fand denn auch bald einen sandigen Feldweg, der an öden Kiefernhaiden vorüber nach dem Dorfe führte. Die Vegetation am Rande des Weges machte einen sehr dürren Eindruck. Strohige gelbe Immortellen und staubige violette Natterkopfblumen hoben sich aus dem spärlichen grauen Grase und der Thymian bildete zwar schön lilarote, aber doch niedere, magere, kreisrunde Polster. Von Zeit zu Zeit kam Herr Tanzmann an einer alten Silberweide vorüber, deren graue Blätter zu dieser öden Landregion vortrefflich passten.

Die Wetterwand war höher heraufgezogen und bereits ertönten die ersten die Luft dumpf erfüllenden Schläge des fernen Donners. Ein seltsames, trübes, fantastisches Licht gab der Natur ein unheimliches Aussehen. Herr Tanzmann ging in einen leichten Trab über, wobei der lose Sand wie Wasser von seinen Stiefeln rann. Nun führte der Weg mitten durch eine Kiefernhaide, hier wurde das Gras, durch den Schatten der Bäume beschützt, grüner, die dürren Kiefern dagegen strömten, anstatt zu erfrischen, eine Backofenhitze aus, die fast unerträglich war. Der Baumbestand war sehr lückenhaft, silberne Flechten umspannen die Stämme und die Zweige der Kiefern. Doch unter ihnen machte sich das Heidekraut breit, dessen liebliche Blüten sich nun erschlossen hatten.

Der Himmel wurde finsterer und der Donner ließ sich lauter vernehmen. Herr Tanzmann rannte immer schneller, dabei scheuchte er einen Rehbock auf, der schnell über den Weg setzte und wieder zwischen den braunen Stämmen der Kiefern verschwand. Kurz vor dem Dorfe verließ der Weg wieder den Wald und führte durch eine vollständig vegetationslose Sandwüste, ein Terrain losen Flugsandes, das sich stetig ausdehnte und die Fluren ringsum begrub. Jetzt freilich lag der Sand ruhig da, es dauerte aber kaum eine Minute, so konnte Herr Tanzmann die Tätigkeit dieser kleinen Sahara beobachten. Die Wolkenwand rückte näher heran und ihr voran ging ein heftiger Windstoß, der rauschend über die Gegend strich. Wie mit Millionen Händen schüttelte er die Wipfel der Bäume, die Stängel der Blumen, die Halme der Gräser und nun fasste er die Sandkörnchen und trieb sie als dicke Staubwolke vor sich her. Die ganze kleine Sandwüste war in wirbelnder wallender Bewegung, in der Herr Tanzmann wie im Pulverdampf verschwand. Und während die feinen Körnchen vom Winde weit weggetragen wurden, rollten die schweren surrend am Boden hin, um an den umliegenden Fluren hängen zu bleiben und so das Terrain der Wüste zu vergrößern.

Nun kam das Gewitter heran. Der Donner wurde lauter, blendende Blitze durchzuckten die Luft in gebrochenen Strahlen und gellende Schläge folgten ihnen. Es fing an in großen Tropfen zu regnen. Nun sauste Herr Tanzmann in Karriere dahin, er wollte um jeden Preis mit dem Wetter um die Wette laufen und ihm zuvorkommen. Im Nu war er auf der breiten Dorfstraße angekommen und nun ging es in mehr gesittetem Trabe vorwärts. Er eilte an Akazien vorüber, die bereits mit braunen Hülsen behangen waren, an dichtkronigen Kastanien, unter denen grüne stachelige Früchte in Menge lagen, an Gehöften, an Gärten vorüber, in denen die Astern und Georginen schon blühten und die Kletterbohnen sich um drei Meter hohe Stangen rankten. Der Regen ward stärker und die Gewitterschläge dröhnten mit unaufhörlichem Knattern und Rollen. Bevor aber Herr Tanzmann das schützende Wirtshaus erreichte, hatte er noch ein Abenteuer mit zwei wild gewordenen Schweinen zu bestehen, die aus einem Bauernhofe ausgebrochen und von einer Schar Weiber und der Dorfjugend verfolgt, Herrn Tanzmann gerade in die Beine getrieben wurden. Herr Tanzmann wollte die Tiere aufhalten, er fasste das eine am Ohr, es entlief ihm aber quiekend, während der Wind ihm seinen Hut entführte, zum Gaudium der gesamten Zuschauerschaft. Herr Tanzmann rannte seinem Hute nach, holte ihn einmal schon ein und trat mit dem Fuße darauf, der Hut entwischte dennoch wieder, eilte weiter und blieb erst an der Tür des Wirtshauses liegen. Da hatte denn Herr Tanzmann nichts weiter zu tun, als dem treuen Gefährten seiner Fahrten zu folgen.

GOLDENE SOMMERERINNERUNGEN

Grillabende, Sommersprossen, leuchtende Blumenwiesen, Spaghettieis und Tage am Meer ... der Sommer verwandelt sich nun langsam zu einer Sammlung wunderschöner, bunter Erinnerungen.

Lass den Sommer also nochmal Revue passieren – was war besonders schön? An was möchtest du noch lange zurückdenken? Nimm dir einen Moment Zeit und nimm einen Stapel Zettel zur Hand. Schreibe alle kleinen und großen Sommererinnerungen auf und stecke sie in ein leeres Marmeladenglas. Natürlich kannst du dieses Glas auch mit anderen Erinnerungsstücken füllen – zum Beispiel mit kleinen Muscheln aus dem Sommerurlaub oder der Eintrittskarte eines Open-Air-Konzerts. An kalten Wintertagen kannst du einen der Zettel ziehen und in deinen wärmenden Erinnerungen schwelgen.

Wenn du magst, dann verstecke außerdem eine kleine Erinnerung an deinen Sommer in deinem Wintermantel oder an einem Ort, den du eher selten aufsuchst. Du wirst sicher staunen, wenn du deine Erinnerung wiederfindest, und holst dir so ein wenig Sonnenschein in die dunkle Jahreszeit.

Blumen und Blätter pressen

Auch das Pressen von Blumen oder bunten Herbstblättern ist eine wunderbare Möglichkeit, den Spätsommer und die sonnigen Herbsttage ein kleines bisschen einzufangen und aufzubewahren.

Du brauchst

- Zarte Blüten und Gräser wie Margeriten, Herbstalpenveilchen, Gänseblümchen, Kornblumen, Mädchenaugen, Schmuckkörbchen, Hornveilchen oder Wilde Möhre
- Herbstblätter
- Zeitungspapier
- Dickes Buch oder Blumenpresse
- Optional: Haarspray oder Klarlack

Schlage ein dickes Buch auf und lege es zweilagig mit Zeitungspapier aus. Platziere anschließend die Blätter und Blüten auf dem Papier, aber achte darauf, dass sie sich nicht überlappen. Je nach Art der Blätter und Blüten dauert es bis zu zwei Wochen, bis sie getrocknet sind. Nimm sie nach dem Trocknen vorsichtig heraus, damit filigrane Blätter und Blüten nicht brechen. Um sie stabiler zu machen, kannst du sie von beiden Seiten mit Haarspray besprühen oder mit Klarlack bestreichen. Deine gepressten Pflanzen kannst du in ein Notizbuch oder Fotoalbum kleben und mit kleinen Erinnerungen versehen oder in einem doppelglasigen sogenannten schwebenden Bilderrahmen arrangieren und an die Wand oder ins Fenster hängen.

SOMMER VERGLÜHT

Friedo Lampe

Dahlien, Astern, Gladiolen, Georginen,
Mild von der gelben Sonne beschienen,

Drängen prunkend über den Gartenzaun,
Und allüberragend die Sonnenblumen schaun

Mit den großen gelben Gesichtern, den guten,
Während die Rosen sanft verbluten.

Aus der Dorfkirche leises Orgelgebrumme,
Um die prallblauen Trauben Bienengesumme.

Und Nebel steigt auf aus dem feuchten Garten
In Laubkronen, wo die Äpfel verdämmern, die harten.

Und in der Efeulaube auf dem Eisentische
Die bläulich schimmernden, süßduftenden Fische

Und Wein, schwarzrot, und Butter und Brot
Und die Fackel des Monds, die überm Garten loht,

Und Gelächter, Umarmung, Geflüster und Kuss
Und der kühlen Nächte verschwieg'ner Genuss,

Und der braunen Geige dunkler Gesang,
Wie satt das über die Wiesen klang.

Und Jungens, die schwimmen im schwarzen Fluss
Und heben dumpf jauchzend den Arm zum Gruß,

Und Kühe, leibschwere, im Wiesendunst
Muhn auf zu dem Mond. O schlürfe die Gunst,

Die letzte, des Sommers voll in dich ein,
Noch einmal dürfen berauscht wir sein.

Wie alles am tiefsten in Farben glüht,
Bevor es sich neigt und von uns zieht,

Wie Leben, kurz vor dem Untergang,
Bricht aus in flammenden Überschwang

Und dunkel flutenden Lobgesang!

Alle guten Dinge
sind wild und frei.

Henry David Thoreau

AUSZUG AUS

ALTE SORTEN

Ewald Arenz

Dass diese Septembertage so leuchten konnten! Sie konnte sich nicht erinnern, dass sie den Herbst irgendwann so schön gefunden hatte. Als sie klein gewesen war, ja, da hatte es manchmal letzte Urlaubstage gegeben, die ein bisschen von dem hatten, was sie heute spürte. Aber es war so, als wäre es umgekehrt; als hätte sie damals das schwache Echo des Gefühls empfunden, das sie heute so intensiv spürte. Was war in diesem Septemberleuchten, in diesem hohen Himmel, in diesem Morgen? Es war, als wollte die Welt noch einmal zeigen, wie schön sie sein konnte, wie viele Farben sie hatte, wie frisch sie riechen konnte. Liss ging vor ihr, mit diesen lässig-ruhigen langen Schritten einer großen Frau, die mit ihrer Größe kein Problem hatte. Ein Gang, den sie manchmal ziemlich cool fand. Es war blöd, vor sich selber so zu tun, als ob nicht. Merkte ja keiner. Bis Liss plötzlich stolperte und Sally lachen musste. Die Hühner schafften es immer, einem so unfassbar blöd zwischen die Beine zu laufen, dass es echt schwierig war, nicht auf sie zu treten. Liss drehte sich mit einem Lächeln um.

»Die meisten Unfälle passieren in Haus und Hof … auch den Hühnern.«

»Ja«, antwortete Sally boshaft, »ist schon ein Wunder, dass Hühner die Evolution bis heute überlebt haben.«

Liss ging an der Maschinenhalle vorbei um die Ecke.

»Hier.« In dem Eck zwischen dem Zaun und der grob verputzten, fensterlosen Wand der Maschinenhalle stand eine Reihe von Kisten auf Ständern im Halbschatten eines großen Strauchs.

»Da sind die Fluglöcher.« Liss zeigte auf den schmalen Schlitz, den alle Kisten unten hatten. Sally hatte ihn zuerst kaum erkennen können, weil überall so viele Bienen waren, die an- und abflogen, dicht an dicht aneinandergedrängt summten, übereinanderkrabbelten und eine kompakte Traube vor jeder Kiste bildeten. Sally ging vor einer Kiste in die Hocke. Es sah fast so aus wie morgens in der U-Bahn. Alles drängte heraus, alles drängte hinein. Sie hatte so viele Bienen noch nie so nah gesehen. Nach einer Weile erkannte sie so etwas wie eine Ordnung. Auf jeden Fall funktionierten An- und Abflug mit weniger Zusammenstößen als ihre morgendlichen U-Bahnfahrten.

»Können wir Honig ernten?«, fragte sie, weiter die Bienen beobachtend.

Liss schüttelte den Kopf.

»Viel zu spät. Honig erntet man im Juli. Das Bienenjahr ist fast vorbei. Aber wir müssen trotzdem mal reinsehen. Ach, ich habe was vergessen. Kannst du Puderzucker aus der Speisekammer holen? Da steht ein Paket auf der Wurstbank.«

»Für die Bienen?«, fragte Sally.

»Ja«, sagte Liss lächelnd, »aber nicht, was du denkst.«

Sally lief den Weg zum Haus zurück. Ich bin gerade ein Teil von irgendwas, dachte sie. Ich weiß nicht genau, wovon. Ich bin gerade ein Teil von diesem sonnigen Tag. Ich bin gerade ein Teil von Liss' Arbeit. Ich bin gerade ein Teil von diesem Haus.

Sie war sich überhaupt nicht sicher, ob das gut war. Aber in diesem Augenblick fühlte es sich richtig an.

ES GIBT EINE STILLE
DES HERBSTES BIS IN DIE
FARBEN HINEIN.

Hugo von Hofmannsthal

IM WANDEL

In der Natur sind der Spätsommer und Herbst eine Zeit des Wandels. In den Wäldern paaren sich jetzt die Rothirsche, viele Vögel brechen in den Süden auf, Insekten wie die roten Waldarmeisen ziehen sich zurück, Siebenschläfer und Wildkaninchen bekommen Nachwuchs, während die Eichhörnchen Nüsse als Wintervorräte vergraben. Die Blätter der Bäume färben sich in den schönsten Farben, bevor sie zu Boden fallen und vom Herbstwind davongetragen werden. Das spart den Bäumen im Winter Energie und sichert ihr Überleben.

Die Natur kommt also langsam zur Ruhe und auch in uns Menschen tut sich einiges – unsere Körper passen sich an die kürzeren Tage an, unser Schlafbedürfnis steigt. Manchmal können wir aber nur schwer akzeptieren, dass der Sommer vorbei ist und nun eine ruhigere Jahreszeit anbricht. Das ist schade, denn der Herbst ist ein wunderbarer Zeitpunkt, um neue Energie zu tanken und sich zu erden. So wie die Blumen können auch wir nicht das ganze Jahr hindurch blühen. Stattdessen sollten wir uns dem Rhythmus der Natur anpassen. Gehe also früher schlafen, koche dir nahrhafte und warme Mahlzeiten und versuche, nach dem lebhaften Sommer, ganz bewusst zur Ruhe zu kommen.

SPÄTSOMMER

Otto Julius Bierbaum

Hellster, grellster Sommertag,
Sonnenglutdurchschwelte Luft,
Schwüler, schwerer Blumenduft,
Müd verhaltener Finkenschlag.

Satte Reife weit und breit,
Leis schon übergilbt der Wald;
Bunt in Herbst verraschelt bald
Sommertraumstrosteinsamkeit.

AUSZUG AUS

IM BALLON ÜBER NORDDEUTSCHLAND

Friedo Lampe

Nachmittags so gegen vier Uhr war der Ballon in der Nähe von Osnabrück in die Luft gestiegen – und nun glitt er sanft da oben durch den stillen blauen Raum, schöne weiße, runde Wolken glitten neben ihm her und da unten lag unendlich weit gebreitet das grüne Wiesenland. Mr. Pencock hatte mit seinem Freunde Hamstead eine Wette gemacht, dass er den Mut habe, mit einem Ballon von Deutschland nach England zu segeln – nun stand er wahrhaftig in dem Hängekorb und Mary, seine couragierte junge Tochter, und der Ballonführer standen neben ihm und sie schauten alle in das Land hinunter. Mr. Pencock sah durch sein langes Fernglas und sagte: »Da unten liegt eine Stadt am Fluss«, und gab Mary das Glas. Und Mary sah die Stadt liegen: klein zwischen Wiesen am braunen Fluss, Brücken und den Hafen, die dicken dunkelgrünen Baumassen des alten Walls und das sanftgrünspanig leuchtende Kirchturmdach und das schwarze Schiff im Dock und den weißen Vergnügungsdampfer, der unter den Brücken durchfuhr, mit zurückgelegtem Schornstein, und in die Wiesen hinaus, und am Fluss den Kirchhof mit den winzigen Kreuzen und Grabsteinen – und Wiesen, Wiesen ringsherum mit kleinen Kanälen und Flüssen und darauf schwarze Kähne mit braunem Segel und alles so still und unbewegt im Nachmittagslicht. Kühl war es hier oben und klar, eine leichte Luft, und Mary sagte: »Wie friedlich liegt das da, wie muss man da idyllisch wohnen.« Aber Mr. Pencock sagte: »Das sieht wohl nur von oben so aus.«

Ja, es sah wohl nur von oben so aus. Denn da unten, da war es gar nicht kühl, sondern es war ein schwüler Spätsommernachmittag, windstill und schwelend. Und auf dem St. Ägidien-Friedhof, der neben dem Flusse lag und der von oben so niedlich sauber aussah, da saß eine Frau brütend in einem schwarzen Kleide auf der Bank vor dem Grabe, eine große stattliche Frau mit dunklem Haar und bleichem Gesicht, und schaute auf das Grab und die üppig blühenden Blumen und in die Erde hinein.

Aber der alte Friedhofsgärtner und Aufseher, der da gerade an einem frischen Grabe schaufelte, er hatte einen großen gelben Strohhut auf und scharfe graue Augen, das war ein lustiger alter Mann und er rief zur Gärtnerwohnung hin: »Meta, Anni, kommt doch schnell mal her, ein Ballon«, und die Mädchen, die dabei waren, einen Drachen zu kleben, den sie drüben auf dem Werder steigen lassen wollten, die kamen denn auch herangelaufen und sie konnten den Ballon noch einen Augen-

blick sehen – ruhig schwebte er durchs weiche Blau, eine braune Kugel, golden angeleuchtet vom Sonnenlicht, und dann war er hinter den dichten Baumwipfeln verschwunden.

»Gott, ich krieg' auf einmal so 'n Hunger«, sagte Mary da oben, »das macht diese frische kühle Luft«, und sie nahm aus der ledernen Tasche, die sie umhängen hatte, ein Stück Schokolade und begann zu knabbern. »Nun kann es doch wohl nicht mehr lange dauern, dann sehen wir das Meer«, meinte Mr. Pencock. »Da liegt es ja schon«, sagte der Ballonführer. Richtig, da leuchtete ja schon ganz fern am Horizont hinter dem Wiesengrün ein schmaler duftiger, hellblauer Streif.

KLEINE HERBSTMEDITATION

**Der Herbst ist die beste Zeit, um dich zu erden.
Das geht besonders gut mit einer kleinen Meditation.**

Finde einen ruhigen Ort und mache es dir gemütlich. Schließe die Augen und stelle dir vor, dass du dich in einem Herbstwald befindest. Atme tief durch die Nase ein und langsam durch den Mund wieder aus. Die warme Sonne wärmt dich und schenkt dir neue Kraft.

Wie würde es sich anfühlen, einer der Bäume zu sein? Deine Wurzeln reichen tief in den Boden und geben dir Halt. Schon viele, viele Jahre stehst du hier an deiner Stelle im Wald. Nichts kann dir etwas anhaben, alles zieht an dir vorbei.

Spüre, wie der Wind sanft mit deinen Blättern spielt, und entspanne dabei jeden Muskel in deinem Körper – von deinem Scheitel bis zu den Fußsohlen. Alles in dir wird so leicht wie der Wind. Atme weiter tief ein und wieder aus.

Lenke deine Aufmerksamkeit dann auf den kleinen Bach, der an dir vorbeifließt. Kannst du sein Plätschern hören? Bunte Blätter tanzen auf der Wasseroberfläche. Lass dich mit einem von ihnen sanft davontreiben.

Du fühlst dich ganz leicht und schwerelos. Du kämpfst nicht gegen die Strömung an, sondern treibst mit den Wellen davon, bis der Bach den Wald verlässt und du dich ganz leicht und frei fühlst.

Wenn du bereit bist, dann öffne langsam wieder die Augen und kehre ins Hier und Jetzt zurück.

DEN PULS DES EIGENEN HERZENS FÜHLEN. RUHE IM INNERN, RUHE IM ÄUSSERN. WIEDER ATEMHOLEN LERNEN, DAS IST ES.

Christian Morgenstern

SPÄTSOMMER AM STRAND

Clara Müller-Jahnke

Da weht von Süd ein sanfter Hauch
aus sonnenlichten Tagen;
die goldbelaubten Äste dehnt
der Ahorn voll Behagen.
Kein Vogelsang, – kein Blütenduft, –
die weiche, warme Sommerluft
säuselt in allen Hagen.

Nun schaun sich schier verwundert an
die schweigenden Zypressen;
es ist, als habe der flüchtige Lenz
sein Lebewohl vergessen
und ginge noch einmal über das Feld,
die blasse, sommermüde Welt
an seine Brust zu pressen.

Durch nackte Zweige schweift der Blick
auf graue Wellenpfade:
die weißen Wasser tummeln sich
am träumenden Gestade;
sie flüstern und raunen wie Liebesgruß,
sie kosen und spielen um deinen Fuß,
leuchten und locken zum Bade.

SPÄTSOMMERRITT

Cassia Fletcher

Ein sanfter Wind zieht träge an uns vorbei und bringt die trockenen Halme der letzten Getreidepflanzen auf dem Feld leise zum Rascheln. Ich nehme eine Strähne Mähnenhaare, die in Unordnung geraten ist, und lege sie wieder auf die richtige Seite des Mähnenkamms.

»Träge«, denke ich, »träge ist ein passender Begriff für diese Zeit des Jahres.«

Obwohl es schon Abend ist, scheint die untergehende Sonne noch warm vom Himmel. Die Koppeln sind leergefuttert, die letzten Halme von der Sonne verbrannt und trocken wie Stroh. Auch die Bremsen sind in diesem Sommer besonders zahlreich und in der Nacht ist die Luft in den letzten Wochen nie richtig abgekühlt.

Gemächlich trottet mein Pony dahin, von Zeit zu Zeit schlägt es mit dem Schweif nach einer lästigen Fliege.

Wir biegen auf einen Feldweg ein und mein Reittier muss auf seine Hufe aufpassen, um nicht zu stolpern. Im Frühjahr sind die Bauern diesen Weg mit ihren Traktoren entlanggefahren und haben tiefe Spuren in der feuchten Erde hinterlassen. Die Sommersonne hat sie festgebacken, sodass die Furchen und Erhöhungen nun hart wie Stein sind.

Das Pony dreht langsam ein Ohr nach links, ein Spaziergänger hat seine Aufmerksamkeit erregt. An seiner Seite trottet ein Hund, dem es scheinbar selbst zum Schnüffeln zu heiß und trocken ist. »Die Natur sehnt sich nach Wasser und Erfrischung, selbst ihr braven Haustiere seid des Sommers müde«, stelle ich fest und ernte zustimmendes Gähnen. In der goldenen Abendsonne schimmert Gáskis fuchsfarbenes Fell wie feuriges Kupfer.

Schon bald erreichen wir den Wald, durch den normalerweise ein kleiner Bach fließt. Nun ist das Bachbett ausgetrocknet und die umgebenden Sträucher sind verdorrt. Kaum treten wir in den Schatten der Bäume ein, kommt Leben in den Isländer. Die Luft ist hier zwar nicht wesentlich kühler, aber der Weg führt leicht nach oben und der Boden ist eben und bereits von einer dämpfenden Blätterschicht bedeckt. Die Bäume rauschen in der sanften Brise und lassen weitere goldene Blätter auf uns herunterregnen.

Das Pony hebt den Kopf, sein Schritt wird trippeliger und es dreht seine Ohren zu mir nach hinten. Ohne Sattel kann ich die Anspannung in seinem Körper besonders gut spüren. Egal wie warm, kalt oder matschig es ist, eine Galoppstrecke ist eben eine Galoppstrecke. Ich spanne meinen Rücken an, um Gáski zu signalisieren, dass wir jetzt noch nicht lospreschen, und genieße diesen Moment, in dem wir uns einig sind, in dem wir beide dasselbe wollen.

»Okay«, flüstere ich schließlich, lege ein Bein zurück und verlagere mein Gewicht etwas nach vorne. Sofort springt das Pony an und wir fliegen den bewaldeten Hügel hinauf. Ich lege die Zügel auf dem Pferdehals ab und strecke beide Arme seitlich aus. Bald wird es kälter werden, dann wird es regnen und die meisten Wege werden zu matschig sein, um darauf zu reiten, auch wenn das Pony anderer Meinung sein mag. Für diesen einen Moment aber scheint die Zeit still zu stehen und der Sommer ewig anzuhalten, so golden, als sei er in Bernstein konserviert. Es gibt nur noch das Geräusch der Pferdehufe, die im Dreiertakt dumpf auf dem trockenen Waldboden aufschlagen, die gleichförmige Bewegung des Pferderückens und das gelbe Blättermeer, das um uns herumwirbelt. Ich schließe die Augen und atme den würzigen Duft von Sonne auf Pferdefell ein, meinen Lieblingsgeruch. »Ach könnte der Sommer doch noch ein wenig länger bleiben!«, denke ich.

BUNTE IDEEN FÜR EIN HERBSTPICKNICK

An einem goldenen Herbsttag den Picknickkorb packen und nichts wie raus, um noch einmal die warmen Sonnenstrahlen zu genießen und dabei herbstliche Köstlichkeiten zu naschen ... Herrlich! Hast du Lust? Dann findest du hier ein paar Ideen für deinen Picknickkorb:

- WRAPS MIT LACHS UND FRISCHKÄSE
- SANDWICHES MIT ZIEGENKÄSE UND FEIGE
- QUICHE MIT KÜRBIS UND LAUCH
- OBST WIE WEINTRAUBEN, PFLAUMEN, MIRABELLEN, ÄPFEL UND BIRNEN
- BAGUETTE, KÄSE UND HERBSTLICHE MARMELADEN
- JE NACH TEMPERATUR: SELBSTGEMACHTE LIMONADE ODER HEISSE SCHOKOLADE IN DER THERMOSKANNE FÜR DIE KLEINEN, WEIN ODER APFELPUNSCH FÜR DIE ERWACHSENEN

Brombeer-Limonade

Brombeersträucher schenken uns oft noch bis weit in den Herbst hinein ihre Früchte. Diese Limo schmeckt natürlich bei einem sonnigen Picknick besonders gut.

Zutaten für ca. 2 Gläser

500 g Brombeeren
2 Limetten
500 ml Mineralwasser
1 EL Zucker oder ¾ EL Honig
Minzblätter nach Geschmack
Eiswürfel

Die Brombeeren waschen, in eine Schüssel füllen und zur Seite stellen. Die Limetten auspressen und den Saft über die Brombeeren geben. Anschließend mit einer Gabel die Beeren zerdrücken, bis ein feines Mus entsteht. Dieses durch ein feines Sieb geben und dabei den Saft auffangen. Diesen anschließend mit dem Zucker oder Honig vermengen. Den Saft dann auf Gläser aufteilen oder zusammen mit dem Wasser und den Eiswürfeln in eine Thermosflasche füllen. Nach Geschmack ein paar Minzblätter dazugeben.

TIPP
ÜBRIGGEBLIEBENES BROMBEERMUS SCHMECKT LECKER IM JOGHURT ODER ZU EIS.

SONNTAGE EINES GROSSSTÄDTERS IN DER NATUR

AUSZUG AUS »SEPTEMBER«

Curt Grottewitz

Am Seerand führte, zwischen Ufergebüsch und Kiefernwald, ein kleiner Fußweg dahin. Es war kein künstlich gebauter Steg, die Landleute und die Waldarbeiter hatten ihn durch öfteres Hin- und Hergehen abgetreten, das Gras zerstampft und den Boden bloßgelegt. Hier auf diesem Pfade wandelte Herr Tanzmann seelenvergnügt dahin, glänzend vor Freude und Wanderlust. Denn es war ein schöner, klarer Morgen und am Morgen war Herr Tanzmann stets vergnügter als am Abend, wo die Rückkehr in die Stadt ihn immer zornig und zu bösen Reden geneigt machte. Obwohl es schon gegen zehn Uhr war, hing der Tau doch noch in dicken Tropfen am Gras. Denn die Septembersonne, wenn sie auch in heiterer Schönheit strahlte, war doch zu spät aufgestanden und ihre Himmelslinie war zu kurz, als dass sie schon am Morgen den Tau aufgesogen hätte. Jetzt fielen ihre Strahlen auf den See, sodass dieser weiß erglänzte, und sie fielen durch das Ufergebüsch auf Herrn Tanzmanns Gesicht, sodass auch dieses noch mehr erglänzte und aussah wie der Vollmond in einer Frühlingsnacht.

Herr Tanzmann wanderte an dem grünen Gebüsch dahin, indem er vorsichtig über die bloßliegenden Kieferwurzeln hinwegstieg, die sich über den Weg reckten. Der Steg war etwas schräg nach dem See zu geneigt und Herr Tanzmann konnte ganz genau beobachten, wie etwa in der Mitte des Pfades zwei verschiedene Bodenarten aneinander stießen, der schwarze humöse vom Ufer her und vom Walde her der graubraune Sandboden, auf dem die Kiefern gut gediehen. Das schwarze Humusland dagegen ließ wegen seiner fetten Feuchtigkeit den märkischen Nadelbaum nicht aufkommen, hier dominierten breite Erlenbüsche, mit Faulbaum und Kreuzdorn untermischt. Und um sie schlang sich in seilartiger Verflechtung und in üppiger Fülle der wilde Hopfen, der mit halbreifen, weißgrünen Kätzchen über und über behangen war. Mit seinen großen Blättern, die er rings um die umschlungenen Erlenbüsche ausbreitete, nahm er seinen Opfern Luft und Licht hinweg. Aber auch ihm saß bereits ein tückischer Feind im Nacken. Um ihn schlang sich mit ihren dünnen rötlichen Stengeln die Seide, schnürte ihn zusammen und nährte sich von seinem Nahrungssafte, indem sie ihre Saugwurzeln in sein Gewebe senkte. Und wo die Seide kräftig auftrat, da verkümmerte der Hopfen, und wo der Hopfen verkümmerte, da atmeten die Erlen erleichtert auf.

Da können Sie sehen, Herr Tanzmann, sagte der Wanderer zu sich, wie es mitunter in der Natur zugeht. Beinahe so schlimm wie unter den Menschen. Ein Schmarotzer wird von dem anderen aufgezehrt. Bloß dass den Pflanzen der Verstand fehlt, der beim Menschen immerhin manchmal vorhanden ist.

Herr Tanzmann wanderte weiter am Gebüsch hin. Zwischen den einzelnen Sträuchern hindurch sah er die weite weiße Wasserfläche vor sich liegen, die rings, soweit sein Auge reichte, von dunklem Kiefernwald eingerahmt war. Nur dicht am Ufer zog sich ein niederer Streifen grünen Laubgebüsches hin, das hier und da von einer weißstämmigen Birke überragt wurde. Das ganze jenseitige Ufer aber spiegelte sich in sanften Linien im See. Die breiten Nadelbaumkronen und die zierlichen Laubzweige der Birken malten sich ab im Wasser, in dem das blaue Himmelsgewölbe in träumender Tiefe lag. Herr Tanzmann blieb öfters stehen und sein Auge hing an diesem weiten, weißen Wassermeer, das so sehnend einsam in dem düsteren Kiefernwaldrahmen eingeschlossen war. Als Herr Tanzmann weiterging, schnitt ihm für eine Weile dreimeterhohes Schilf die Aussicht auf den See ab. Das Schilf mit seinen rötlichen Rispen ragte wie eine grüne Mauer aus dem Wasser hervor und lehnte sich dicht an das Ufergebüsch an. Es ging ein leichtes Rauschen durch das Rohr, obwohl der Wind nur ganz schwach wehte. Jetzt schwirrten ein paar Vögel durch die Schilfstengel und dann plötzlich erhob sich ein Plätschern und Schnattern und ein Volk Wildenten floh aus dem Rohrdickicht hinaus ins offene Wasser. Als Herr Tanzmann näher an das Schilf herantrat, sah er, wie auf seinen Blättern Schnecken und Rohrkäfer behaglich ruhten. Auch das Wasser zwischen dem Schilf war von allerhand kleinem Getier erfüllt. Muscheln und Schnecken hingen an faulenden Pflanzenresten, Rückenschwimmer und schwarzgrüne Wasserwanzen gondelten geschickt durch das feuchte Element und die rote Spinne taumelte in kapriziösen Bewegungen durch die Flut.

Beim Weitergehen wandte Herr Tanzmann auch der anderen Seite des Fußsteges seine Aufmerksamkeit zu. Wo der Kiefernwald hoch und luftig war, da standen in dem grünen Rasen rosa Grasnelken und blaue Glockenblumen. Von Stamm zu Stamm aber hatten die Kreuzspinnen ihre kunstvollen Netze gespannt. Der ganze Wald war mit diesen Netzen erfüllt, die silbern im Sonnenschein leuchteten. Selbst über den Fußweg war das Gewebe gespannt, sodass Herr Tanzmann nach und nach mit Spinnenfäden ganz behängt war und Mühe hatte, sie von Gesicht und Händen, auf denen sie ein leichtes Jucken wie Haare verursachten, zu entfernen. Wo der Kiefernwald jünger und dichter war, da war der Boden mit brauner Nadelstreu bedeckt. Aus ihr aber erhob sich jetzt ein Heer von Pilzen. Am auffälligsten waren die großen Fliegenpilze, deren zinnoberrote, weißgetupfte Hüte dem Waldboden ein merkwürdig fremdartiges Gepräge gaben. An manchen Stellen stand eine dichte Vegetation von Farnkraut, dessen Wedel der nahende Herbst an den Spitzen bereits braun gefärbt hatte.

Im Übrigen fand Herr Tanzmann Laub und Kraut noch leidlich frisch. Die Früchte an den Büschen waren nun alle gereift und prangten in schwarzen und roten Farben in den mannigfaltigsten Formen und Anordnungen zwischen dem grünen Laube. Herr Tanzmann freute sich wie

ein Kind an der bunten Pracht, er kannte von klein auf alle Beeren und Früchte des Waldes und wusste ihre vielfältige Verwendung für Haus und Hof, für Vogelfang und Spiel. Jetzt kam er an einer Menge von Haselbüschen vorüber, die, auch mit trockenem Boden vorlieb nehmend, sich vom Ufer an und dann an der anderen Seite des Fußweges bis weit hinaus in den sanft ansteigenden Kiefernwald hineinzogen. Hier wehte es Herrn Tanzmann doch bereits herbstlich an. Denn die Haselbüsche hatten bereits jene bräunlich-grüne Färbung, die bei vielen Sträuchern das erste Anzeichen des nahen Blättertodes ist. Der Wanderer suchte nach Nüssen, aber er fand keine. Wer weiß, vor wie langer Zeit die schon von der Jugend der umliegenden Dörfer weggeholt worden waren. Er wenigstens hatte es, als er noch bei der Frau Tanzmann, seiner Mutter, wohnte, als Ehrensache betrachtet, bereits Ende August alle Haselbüsche der Umgegend zu durchstöbern und die Früchte zu ernten, noch bevor sein Freund Mewis daran dachte, dass sie reif waren. Denn dieser hielt sich genau an die alte Regel, dass man vor dem 1. September keine Haselnuss abpflücken darf. Herr Tanzmann aber besorgte sein Geschäft so gründlich, dass Mewis tagelang umherirrte und nichts fand und Jahr für Jahr klagte, dass die Eichkätzchen die Haselnüsse bereits alle gefressen hätten. Herr Tanzmann stimmte ihm bei, einmal merkte Mewis aber doch, dass der Sack, der auf Tanzmanns Dachboden hing, voller Haselnüsse war. Von dem Tage an stellte Mewis zwei Wochen lang seine Besuche bei Tanzmanns ein, ein Verlust, der von Herrn Tanzmann sehr schwer, von Frau Tanzmann dagegen leichter ertragen wurde, zumal zu jener Zeit Mewis die Leidenschaft hatte, große Steine in den Schmalzbirnenbaum hinter der Scheune zu werfen und mit vollgefüllten Taschen allabendlich den Heimweg anzutreten.

Herr Tanzmann schritt weiter auf dem Fußweg dahin. Noch blühten zwischen den Büschen die zarten Vergissmeinnicht und die krautartige Wasserminze. Aber Weidenröschen und Wasserhanf waren bereits mit dichtem, weißem Flaum bedeckt, in dem sich ihre Samenkörner verbargen. Und jetzt gelangte er zu einer jungen Linde, deren Blätter bereits recht gelb geworden waren.

Merkwürdig, sagte Herr Tanzmann zu sich, dass die Linde der Baum der Liebenden geworden ist. Sie treibt zwar früh im Lenz, doch blüht sie im Sommer und bleicht zuerst im Herbst. Aber daran sieht man eben, dass die Liebe blind ist und dass es dabei auf lange Dauer nicht abgesehen ist.

Dennoch war der Baum ihm lieb und die gelben Blätter brachten einen stimmungsvollen Ton in die September-Landschaft. Er lehnte sich an den Lindenstamm und sah von Neuem zwischen den früchtebeladenen Büschen hindurch auf die weiße Wasserfläche des Sees, der ruhig, wie selbstvergessen, da lag in der dunklen Umrahmung des Kiefernwaldes. Die stille Ruhe lud zum Nachdenken ein und Herr Tanzmann kramte in dem Schatze seiner Erinnerung.

Manchen See sah ich auf meinen Wanderungen, sagte er zu sich, den azurblauen Gardasee und den düsteren Ammersee, die lieblichen Teiche Frankreichs und den vornehmen Vierwaldstättersee. Aber ich kann nicht sagen, dass ich euch weniger liebte, ihr flachen, weißen Seen der Mark, mit eurer unendlichen Sehnsucht und eurem stillen Heimweh, mit euren melancholischen Kiefernwaldufern, deren dunkle Schatten euch einschließen und abschließen von allem Lärm der Welt!

Plötzlich vernahm Herr Tanzmann schwere Tritte und ein schnaufendes Fauchen, das aus einem dicken Körper kommen musste. Er ging langsam vorwärts, um dem Keuchenden Zeit zu lassen, ihn zu überholen. Bald wurde denn auch ein dicker Mann sichtbar, der schweißtriefend und schnaufend sein wohlgemästetes Bäuchlein vor sich herschob. Er grüßte den Wanderer und fragte leutselig: »Sie müssen wohl auch laufen?«

Herr Tanzmann wusste nicht recht, wie die Frage gemeint war, und da er böse Absichten witterte, so guckte er den Fragenden ziemlich ungeduldig an. Dieser aber sagte:

»Mir hat nämlich der Arzt verordnet, jeden Tag einmal um den verwünschten See herumzulaufen. Denken Sie sich, drei Stunden über Wurzeln, durchs Gebüsch, 's ist zum Verrücktwerden! Und dabei ist's von unserem Städtchen bis zum See auch noch eine halbe Stunde. Der frühere Arzt war ja vernünftiger, der hat mir wenigstens was Ordentliches verschrieben, jeden Tag eine große Flasche voll. Und zu laufen brauchte ich gar nicht.«

»Hat's denn was geholfen?« fragte Herr Tanzmann.

»Das ja gerade nicht«, antwortete der dicke Mann. »Aber es war doch auszuhalten. Der neue nun, der hat mir furchtbare Angst gemacht. Nicht ein Jahr sollte ich's mehr treiben, wenn ich nicht täglich hier um den verwünschten See herumgehe.«

»Na und hilft denn das?«

»Es ist ja möglich«, sagte er. »Ich gehe heute erst zum fünften Male. Es ist mir ja, als wäre mir ein bisschen leichter. Aber ich bitte Sie, wenn so eine Pferdekur nicht helfen soll! Natürlich muss das was helfen! Aber dazu braucht man doch keinen Arzt. Wenn ich mir einen Arzt nehme, dann soll er sich doch Mühe geben, mich zu heilen, dann will ich mich doch nicht auch noch anstrengen! Nicht wahr?«

»Das ist ganz meine Meinung!«, sagte Herr Tanzmann. »Doch entschuldigen Sie, ich muss nach der anderen Seite zurück.«

Er drückte dem dicken Manne die Hand, der ihn erstaunt anguckte.

»Ja«, sagte Herr Tanzmann, »mir hat mein Arzt befohlen, zweimal um den See herumzugehen!«

Dem dicken Manne traten Schweißperlen aufs Gesicht bei dem bloßen Gedanken, dass jemand doppelt so viel gehen müsse wie er, und auf seine dicken Wangen legte sich ein Gefühl tiefsten Mitleids mit Herrn Tanzmann.

Dieser aber eilte schnell zurück, in der Absicht, so lange zu warten, bis der Dicke in gehöriger Entfernung sei. Es ärgerte ihn, dass er dem Keuchenden nicht besser seine Verwünschung des Sees heimgezahlt hatte. Herr Tanzmann ging zur Linde zurück, lehnte sich von Neuem an ihren Stamm und blickte auf die weite, weiße Wasserfläche des Sees.

LEUCHTENDE HERBSTBLUMEN

DIESE PFLANZEN BLÜHEN IM SPÄT-SOMMER UND HERBST:

- CHRYSANTHEME
- DAHLIE
- HEIDEKRAUT
- HERBST-ASTER
- HERBST-ANEMONE
- HERBSTZEITLOSE
- FETTHENNE
- BARTBLUME
- GOLDRUTE
- EISENHUT

Mit der Ankunft des Herbsts geht zwar auch das Gartenjahr langsam zu Ende, doch noch gibt es viele wunderschöne Pflanzen, die in bunten Farben aufblühen.

Viele von ihnen bieten sich an, um einen farbenfrohen Herbststrauß zu pflücken und damit ein bisschen Farbe in die ersten tristen Tage zu bringen. Bewaffne dich also mit einer Gartenschere und sichere dir eine Handvoll Herbstglück.

DIE BLUMEN HABEN MIR WIEDER GAR SCHÖNE EIGENSCHAFTEN ZU BEMERKEN GEGEBEN, BALD WIRD ES MIR GAR HELL UND LICHT ÜBER ALLES LEBENDIGE.

Johann Wolfgang von Goethe

HERBST

Joseph von Eichendorff

Es ist nun der Herbst gekommen,
Hat das schöne Sommerkleid
Von den Feldern weggenommen
Und die Blätter ausgestreut,
Vor dem bösen Winterwinde
Deckt er warm und sachte zu
Mit dem bunten Laub die Gründe,
Die schon müde gehn zur Ruh.

Durch die Felder sieht man fahren
Eine wunderschöne Frau,
Und von ihren langen Haaren
Goldne Fäden auf der Au
Spinnet sie und singt im Gehen:
Eia, meine Blümelein,
Nicht nach andern immer sehen,
Eia, schlafet, schlafet ein.

Und die Vöglein hoch in Lüften
Über blaue Berg und Seen
Ziehn zur Ferne nach den Klüften,
Wo die hohen Zedern stehn,
Wo mit ihren goldnen Schwingen
Auf des Benedeiten Gruft
Engel Hosianna singen
Nächtens durch die stille Luft.

HERBSTLICHES NATURSCHAUSPIEL

Nicht nur am Boden tut sich im Herbst so einiges, sondern auch am Himmel. Im September und Oktober machen sich besonders viele Vögel auf den langen Weg Richtung Süden.

Am Himmel kann man beobachten, wie Kraniche und Wildgänse in Schwärmen vorbeiziehen. Dabei erkennt man die Kraniche schon von Weitem an ihrem lauten Geschnatter. Das Rufen der Kraniche am Himmel verkündet den Herbst wie wohl kein anderes Geräusch. Doch nicht alle Vogelarten zieht es in den Süden. Viele Vögel kommen im Herbst zu Besuch und überwintern hierzulande. Etwa 60 Vogelarten kommen als Gäste aus Skandinavien, Russland oder dem Baltikum zu uns. Gleichzeitig leuchtet der Himmel jetzt in den schönsten Farben. Am Tag ist er oft tiefblau und bei Sonnenuntergang funkeln kräftige Pink- und Orangetöne am Horizont. Das liegt daran, dass die Sonne zu dieser Jahreszeit tiefer am Himmel steht – das verändert die Lichtbrechung und führt zu intensiven Farben. Und auch die bunten Herbstwälder reflektieren und verstärken diesen farbenfrohen Effekt.

Am Sternenhimmel bewegt sich ebenfalls so einiges. Das Sternbild Pegasus, das auch »Herbstviereck« genannt wird, dominiert jetzt am Firmament. Im Spätsommer gibt es außerdem noch einmal ein richtiges Feuerwerk des Himmels: Um den 12. August herum lohnt sich ein Blick in den Nachthimmel ganz besonders, denn in diesen Nächten regnet es besonders viele Sternschnuppen, die Perseiden.

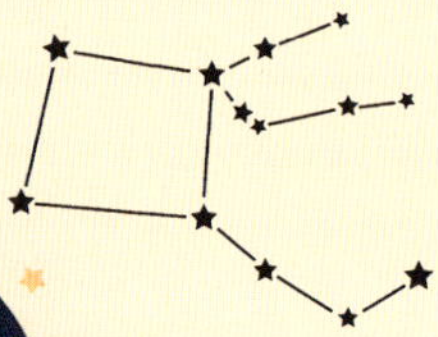

DESHALB HALTE ICH
SO VIEL MEHR VOM HERBST
ALS VOM FRÜHJAHR,
WEIL MAN IM HERBST AUF
DEN HIMMEL SIEHT,
IM FRÜHJAHR AUF DIE ERDE.
Søren Kierkegaard

LÄNDLICHE IDYLLE

Wilhelm Raabe

Es war eine sehr vergnügte Zeit; allein vorüber musste auch sie gehen. Allmählich verklang das Schärfen der Sensen, das Rufen und Singen der Arbeiter und Mägde auf den Feldern von Krodebeck. Die Felder wurden leer und Wagen auf Wagen schwankte zum Dorfe hinab. Endlich kam der Abend, an welchem die letzten Garben auf den letzten Wagen geladen wurden und auch diese Ernte vollendet war.

Der Morgen war sonnig und heiß wie gewöhnlich gewesen; gegen Mittag hatte sich ein leichter Dunst über das Land gelegt und als am Abend die bebänderte, mit Goldflittern und künstlichen und wirklichen Blumen geschmückte Erntekrone auf der höchsten Garbe des letzten Erntewagens aufgepflanzt wurde, änderte sich die Atmosphäre in eigentümlicher Weise. Über den Wald im Westen schob sich ganz plötzlich eine seltsame gelbliche Wand empor, in welche die Sonne, eine feurig rote Kugel, hinunterglitt. Mit ungemeiner Schnelligkeit wogte der Dunst heran: Der Höhenrauch verhüllte die Ferne und die Nähe, legte sich schwer und betäubend auf Augen und Hirn und machte sich den Lungen so sehr bemerklich, dass selbst die stattlichen, starken Gäule des Lauenhofes in ihren Geschirren unruhig wurden, die Köpfe in die Höhe warfen und laut und unmutig schnoben.

Natürlich sah auch das Volk von den Stoppeln auf und umher und alle tauschten die uralten Bemerkungen, Fragen und Antworten über den geheimnisvollen Dunst und Nebel aus; allein der Schleier, der sich über die geleerten Felder legte, fiel nicht zugleich über ihre Seelen. Im Gegenteil schien er den halben Rausch, in welchem sie sich alle befanden, nur noch zu erhöhen. Sie schrien und jauchzten und umtanzten die Wagen; sie jagten einander durch den wehenden Duft. Der Pastorenfranz lief den kreischenden Mägden nach und Hennig hob, wie ein junger Herkules auf der Deichsel zwischen den Pferden stehend, in seinen starken Armen Antonie als Erntekönigin auf den für sie bereiteten Sitz, gerade unter der bunten, bebänderten Krone. Was für Wetter der Höhenrauch auch bedeuten mochte, der Segen des Landes war vor allen bösen Mächten in Sicherheit gebracht und der größte und höchste Jubeltag des Bauern war nach langem, hartem Mühen zwischen Furcht und Hoffnung dem Jahre abgewonnen.

Noch lag die gelbrote Kugel in dem gelben Dunst und etwas Schöneres als das Gesicht der Erntekönigin auf dem schwankenden Sitz in diesem magischen Lichte gab es nicht auf Erden. Und sie allein blieb in ihrer freundlichen Ruhe unter den vielen aufgeregten Menschen. Still lächelnd blickte sie von ihrem hohen Sitze hin über das Land, über all die leeren Felder. Das Lächeln verschwand, die Sonne ging unter, mit einem Male hatte der unheimliche Rauch, der sich auf die Fluren von Krodebeck gelagert hatte, die rechte Färbung angenommen: Alles Bunte und Leuchtende versank in dem trüben Grau, der Horizont verengerte sich mehr und mehr und lachend rief Hennig von Lauen zu der Spielgenossin hinauf:

»Hallo, Tonie, ist das nicht, als ob der Herbst dem Sommer die Lichter ausbliese? Wie schade, dass der Ritter und das Frölen zu Hause sitzen, wir kommen dadurch um einen ganzen Sack voll Philosophie und Klagelieder Jeremiä! Munter, sagt meine Alte; jetzt geht's nach Haus, nun schreit euch alle aus und bringt dem guten Jahr ein Vivat; nachher tanzen wir in den Winter hinein!«

Das Wort ließ sich niemand unter den Ernteleuten zum zweiten Male sagen. Sie schrien allesamt mächtig und aus sehr gesunden Lungen und dreimal hallte die Gegend von ihrem Hochrufen wider.

Nun schwang sich Hennig auf den Sattelgaul, die Knechte und Mägde ordneten sich zum Zuge vor und hinter dem Wagen. Das schwere Viergespann zog an; tief in den Ackerboden unter der schweren Last einschneidend, drehten sich knarrend die Räder und von den Stoppeln schwankten die letzten Garben dem Feldweg zu, der nach dem Dorfe hinabführte.

HERBSTGEISTER

Andrea Schomburg

Halb Herbstprinz,
Halb noch Sommerkind –
Die Mittseptembergötter.
Wie blau noch manche Tage sind,
Wenn sich Altweibersommer spinnt!
Und doch – die Luft ist nicht mehr lind,
Und nachts, so zwischen zehn und zwölf,
Vergoldet ein Septemberelf
Die Ebereschenblätter.

HERBSTLIED

August Heinrich Hoffmann
von Fallersleben

Der Frühling hat es angefangen,
Der Sommer hat's vollbracht.
Seht, wie mit seinen roten Wangen
So mancher Apfel lacht!

Es kommt der Herbst mit reicher Gabe,
Er teilt sie fröhlich aus.
Und geht dann wie am Bettelstabe,
Ein armer Mann, nach Haus.

Voll sind die Speicher nun und Gaben,
Dass nichts uns mehr gebricht.
Wir wollen ihn zu Gaste laden,
Er aber will es nicht.

Er will uns ohne Dank erfreuen,
Kommt immer wieder her:
Lasst uns das Gute drum erneuen,
Dann sind wir gut wie er.

DIE KUNST DES BRIEFESCHREIBENS

Am 1. September beginnt nicht nur meteorologisch der Herbst, dieser Tag ist auch aus einem anderen Grund ein besonderer: An diesem Tag ist nämlich der Welttag des Briefeschreibens.

In Zeiten von flüchtigen E-Mails und Textnachrichten ist das Briefeschreiben etwas Seltenes und deshalb auch Kostbares geworden. Dabei ist es doch so ein schönes Gefühl, neben Rechnungen und Werbeprospekten auch einen Brief oder eine Postkarte im Briefkasten zu finden. Und genau dieses Gefühl kannst du einem lieben Menschen schenken – indem du ihr oder ihm eine kleine Aufmerksamkeit in Briefform schickst. Das Briefeschreiben ist aber auch für dich selbst eine wunderbare Übung der Entschleunigung und das passt auch perfekt zur Jahreszeit. Die Natur nimmt nun das Tempo heraus und kommt langsam zur Ruhe. Alles braucht nun ein wenig länger – so wie das Verschicken eines Briefes eben.

Probiere es doch mal aus: Nimm deinen Lieblingsstift und einen Briefbogen oder schönes Papier zur Hand. Stelle dir eine Tasse Tee, Kaffee oder heiße Schokolade bereit. Wähle deine Worte mit Bedacht, aber denke nicht zu sehr nach. Dein Brief soll schließlich von Herzen kommen. Es soll das Gefühl entstehen, als könnte man deine Stimme beim Lesen des Briefes tatsächlich hören.

Herbstglück-Apfelkuchen

Zutaten

800 g Äpfel • 125 g Weizenmehl • 1 gestrichener TL Backpulver • 125 g Zucker • 1 Pck. Vanillezucker • Saft einer Zitrone • 125 g zimmerwarme Butter • 2 Eier • etwas Butter oder Margarine für die Form

Für die Streusel

150 g Weizenmehl • ½ TL Zimt • 100 g Zucker • 100 g kalte Butter

Die Äpfel schälen, vierteln, entkernen und in kleine Stücke oder dünne Spalten schneiden. Das Mehl mit dem Backpulver in eine Rührschüssel geben und vermischen. Die restlichen Zutaten zugeben und zu einem glatten Teig verrühren. Den Backofen auf 180 °C (Ober-/Unterhitze) vorheizen. Eine Springform (ø 26 cm) etwas einfetten. Anschließend den Teig einfüllen und glattstreichen. Die Apfelstücke darauf verteilen. Das Mehl für die Streusel in eine Rührschüssel geben und mit Zimt und Zucker vermengen. Die Butter hinzufügen und mit den Händen kneten oder mit dem Handmixer verrühren, bis Streusel in der gewünschten Größe entstehen. Achtung: Nicht zu lange kneten, damit die Streusel nicht zu weich werden. Die Streusel auf den Äpfeln verteilen und den Kuchen ca. 50 Minuten im Backofen backen. Anschließend abkühlen lassen und aus der Form lösen.

MEIN GLÜCK, DAS MÜSSTE GROSS UND LEUCHTEND SEIN

Josef Weinheber

Mein Glück, das müsste groß und leuchtend sein
Und herb und wild wie gärend junger Wein.

Und rasend müsst es sein wie Herbstnachtwind,
Der durch die sommermüden Wälder rinnt.

Und seidigschmiegsam gleich dem weißen Leib
Von einem leidenschaftsdurchglühten Weib.

Und müsst doch wieder leis sein wie ein Sang,
Der irgendwo im Abendwind verklang.

Und zart und ängstlich wie der bleiche Schnee
Der Blütenblätter einer Lilie.

Es müsste Aufruhr sein und leise Ruh!
Mein Glück, das müsste sein wie du, wie du!

SOMMER IM GLAS

Der Spätsommer ist nicht nur eine wunderschöne, sondern auch eine besonders köstliche Zeit. Zwischen August und Oktober gibt es eine große Vielfalt an Obst und Gemüse. Viele Beeren und Früchte haben jetzt Hauptsaison. Das lädt natürlich zum gemütlichen Kochen und Backen ein.

Nachdem das Einwecken und Einkochen viele Jahrzehnte lang fast ausschließlich bei unseren Großeltern beliebt war, liegt es mittlerweile wieder bei allen Altersgruppen voll im Trend. Und das zu Recht: Von Pflaumen-Marmelade über Chutneys bis zum Eintopf, Soßen oder Kuchen im Glas – es gibt unzählige Möglichkeiten, leckeres Essen länger haltbar zu machen und somit auch ein Stückchen Sommer für die kalte Jahreszeit aufzubewahren.
Viele Obst- und Gemüsesorten eigenen sich hervorragend zum Einkochen. Wer keinen eigenen Garten hat, für den gibt es in vielen Gemeinden Naschbäume. Private und kommunale Obstbaumbesitzer bieten Äpfel, Birnen, Pflaumen, Mirabellen und Co. kostenlos zum selbst Pflücken an, damit die Früchte nicht verfaulen. Natürlich gibt es mittlerweile auch auf vielen Bauernhöfen die Möglichkeit, Feldfrüchte eigenhändig zu ernten. Das ist ganz nebenbei ein herrliches kleines Herbstabenteuer und das Kochen und Backen macht anschließend besonders viel Spaß – und das Essen natürlich auch.

Pflaumen-Marmelade

Zutaten für 4-5 Gläser

4-5 sterile Marmeladengläser mit Deckel • 900 g entkernte Pflaumen • 1 Zitrone • 500 g Gelierzucker 2:1 • 1 Pck. Vanillezucker • 1 TL Zimt

Die Marmeladengläser und Deckel in heißem Wasser auskochen oder im Backofen bei 100 °C sterilisieren.
Die gewaschenen und entsteinten Pflaumen in kleine Stücke schneiden und in einen Topf geben. Die Zitrone auspressen und den Saft hinzufügen.
Alles für etwa 5 Minuten erhitzen und die weichen Pflaumen anschließend pürieren. Gelierzucker, Vanillezucker und Zimt dazugeben und einrühren, dann alles für etwa 4 Minuten sprudelnd kochen lassen.

Die Marmelade in die ausgekochten Gläser füllen und gut verschließen. Die Gläser dann für ungefähr 5 Minuten auf den Kopf stellen und anschließend gut auskühlen lassen.

TIPP
STATT PFLAUMEN KANNST DU AUCH ZWETSCHGEN VERWENDEN.

SO EIN MILDER HERBST

Peter Kurzeck

Im Oktober, Altweibersommer auf jedem Weg und mittags die Bienen noch summend zugang in den Gärten; es ist dir wie kaum einen Augenblick her, seit die Pflaumen, die Äpfel und Birnen reif sind geworden. Die Frauen haben sich noch einmal umständlich Tische und Bänke aus Anbau und Schuppen geholt und ihre handlichen kleinen Verrichtungen auch aus dem Haus heraus, so ein milder Herbst. In den Ästen hängen die Kinder. Wir hören das Gras wachsen und sehen sie reifen, die Früchte an jedem Baum. Mindestens ein Kind in jedem Baum, immer höher hinauf. Nur die ganz Kleinen kriechen nicht weit vom Stamm zwischen Wespen und Fallobst im Gras. Die ganz Kleinen, am liebsten wollen sie die ganze Welt in den Mund nehmen und immerfort daran suckeln! Süß und ewig, die Welt und die Zeit, es ist ihnen alles eins. Es ist ihr erster oder zweiter irdischer Sommer gewesen, der geht jetzt, sie hören nicht auf zu staunen. Sogar die Großmütter werden sich über Mittag noch einmal zusammengerappelt haben: kommen heraus, legen um sich herum bedächtig die Haustracht in Falten und kämmen die Schultertuchfransen zurecht und lächeln und blinzeln, so ein sonniger Frieden noch einmal.

Strickzeug und Obstkörbe; gleich bleibt sie stehen, die Zeit: eingeschlafen. Wie Abzählreime sind jetzt diese Tage. Die Mädchen mit ihren Puppenwagen und Löwenzahnketten sitzen gesetzt bei den Müttern und Großmüttern oder sammeln das Fallobst auf und sollen dabei an ihre Schürzen denken, an die Ohrfeigen denken. Das halbe Dorf wird sich Mittag für Mittag unter den Bäumen einfinden, immer noch einen Tag: wie auf einem Bild, das du kennst, wie in einem Sommerlager; die Frauen und Kinder, heißt das. Wie Vögel in hellen Scharen fliegen die An- und Zureden hin und her über die Hinterzäune und Graswege. Der Wind ist eingeschlafen. Wir hätten sollen den ganzen vergangenen Sommer jede Minute einzeln so auskosten und genießen! Mindestens ein Kind in jedem Baum, nicht selten drei oder vier: hängen so an die Äste geklammert, lassen reglos sich treiben in lichter Höhe und spüren den festen Halt als verlängerte Seligkeit zwischen den Beinen, Buben und Mädchen, die Augen voll Himmel. Die übervollen Äste mit Bohnenstangen und schadhaften Leitern gestützt, jeder Apfel lächelt der Sonne zum Dank sein eigenes Lächeln. Noch kein Jahr hat uns Früchte soviel verheißen.

Fünf Sorten Pflaumen in jedem Garten, die größten die Eier- und Paradiespflaumen: so süß, dass die Wespen rein süchtig werden danach. Wir fühlen uns selbst wie die Vögel so leicht, ganze Tage jetzt in den Bäumen. Dann wieder hast du langhin im Gras gelegen, derweil die Welt sich kopfüber zu dir geneigt hat, ein Bild, ein bestickter Teppich, dessen Grund und Mitte allzeit der

Himmel. Wie Seide, jeder Augenblick eine leuchtende Ewigkeit. Ist also noch einmal stehengeblieben, die Zeit. Bis auf den Abend hin die Männer von der Arbeit heimkommen, die ersten, mit Aktentaschen und Fahrrädern. Und fangen auch schon an, mit Mistgabel, Besen und Rechen das Unkraut und Reisigzeug zusammenzusammeln, bedächtig.

Schritt für Schritt, Schuhe mit Stahlkappen, schwere Werkschuhe an den Füßen, damit uns das Gehen nix kostet. Und zünden die ersten Feuerchen an. Besonders die Greise sind es, die sich an diesen Feuerchen freuen und wissen viel davon herzumachen. Mit großsprecherischen Verkündigungen und fahrigen Gesten. Als ob sie sie jedesmal neu erfinden, als ob sie es sind, die der Menschheit das Feuer bringen, uns Erdenvolk.

In ihren verblichenen blauen und grünen Gartenjacken. Eine richtige Wissenschaft tun sie daraus machen, eher noch eine Religion; im Rauch geht die Sonne unter.

SEPTEMBERMORGEN

Eduard Mörike

Im Nebel ruhet noch die Welt,
Noch träumen Wald und Wiesen:
Bald siehst du, wenn der Schleier fällt,
Den blauen Himmel unverstellt,
Herbstkräftig die gedämpfte Welt
In warmem Golde fließen.

ES FING AN ZU HERBSTELN

Robert Walser

Die Zeit machte einen unsichtbaren Schritt vorwärts. Auch in der Gegend von Bärenswil blieben die Jahreszeiten nicht stehen, sondern sie hatten natürlicherweise zu tun, was sie anderorts auch tun müssen, sie veränderten sich, trotz des Herrn Tobler, der vielleicht wünschen mochte, die Zeit stillstehen zu sehen. Ein Mann wie er, dessen Geschäfte nicht gingen, war der unbewusste Feind alles dessen, was ruhig und gleichmäßig vorwärtsschritt. Der Tag oder die Woche ist solch einem Menschen stets entweder zu kurz oder zu lang, zu kurz, weil man die Krisis herankommen sieht, zu lang, weil man sich langweilt am Anblick des lahmen Geschäftsganges. Ging die Zeit scheinbar schnell dahin, so murmelte Tobler, man komme zu gar nichts Gescheitem mehr seit einigen Tagen, und machte sie scheinbar langsame und bequemliche Schritte, so wünschte er sich über die Berge in ein späteres Jahrzehnt versetzt, um alle diese ihn umgebenden Dinge nicht mehr anschauen zu müssen.

Es fing an zu herbsteln, sich zu setzen, es stund irgendwo etwas still, die Natur schien sich manchmal die Augen reiben zu müssen. Die Winde wehten anders als bisher, wenigstens schien das oft so, Schatten huschten an den Fenstern vorbei und die Sonne war eine andere Sonne geworden. Wenn es warm war draußen, so sagten ein paar Menschen, echte Bärenswiler, sieh da, wie warm es immer noch ist. Man dankte für die Milde, weil man einen Tag vorher, unter der Haustüre stehend, gesagt hatte: Potz blitz, es fängt zu rumoren an!

Hin und wieder runzelte der Himmel seine schöne, reine Stirne oder er zog sie sogar in Gramesfalten und -schleiern zusammen. Alsdann war die ganze Hügel- und Seegegend von grauen, nassen Tüchern umhüllt. Der Regen fiel schwer vor die Bäume, was nicht hinderte, dass man zur Post lief, wenn man zufällig ein Angestellter des Hauses Tobler war, Herr Martin Grünen schien sich um die schönen, sanften Wechsel der Jahreszeiten auch nicht viel zu kümmern, sonst würde er kaum haben schreiben können, alles, was Tobler an Zahlungsverweigerungsgründen ihm angebe, das berühre ihn gar nicht und er beharre auf seiner Kündigung.

Und wenn dann das schöne Wetter wieder kam, wie glücklich konnte das einen berühren. Es waren vornehmlich drei Farben in der Natur zu sehen, ein Weiß, ein Blau und ein Gold, Nebel, Sonne und Himmelsbläue, drei sehr, sehr feine, ja sogar vornehme Farben. Man konnte dann fortfahren, draußen im Garten zu essen, man stund dann da so, lehnte sich gegen das Gitter und dachte darüber nach, ob man das schon einmal, irgendwo in der Jugend vielleicht, könne gesehen haben. Die Wärme und Farbe waren eines geworden.

Ja, sagte man, solche Farben ergeben eine solche Wärme! Die Gegend schien zu lächeln, der Himmel schien selber glücklich über sein Aussehen geworden zu sein, er schien der Duft und der Inhalt und die liebe Bedeutung dieses Land- und Seelächelns zu sein. Wie das alles nur so liegen, stillsein und strahlen konnte. Wenn man über die Seefläche hinausschaute, fühlte man sich, man brauchte nicht einmal Gehülfe zu sein, von freundlichen, wohltuenden Worten angesprochen.

Schaute man in die gelbliche Baumwelt hinein, so regte sich eine zarte Melancholie in einem. Sah man das Haus an, so musste man lachen, obschon die herrische Pauline gerade am Küchenfenster Teppiche bürstete. Die Welt schien voller Musik zu sein. Über den Kronen der Bäume erschienen wie ferne, verhallende Töne die blendend-leichten-weißen Umrisse der Alpen. Man sah hin und empfand mit einem Mal das alles als unwirklich. Dann war's wieder anders. Andere Aussichten, andere Empfindungen! Auch die Gegend schien zu empfinden und ihre Empfindungen zu ändern. Das Empfundene verlor sich jedes Mal in das allesbeherrschende Blau.

Ja, alles war blau angefärbt und angehaucht. Und dazu diese Frische, dieses Rauschen von den Bäumen her, in denen immer eine leise, kühle Bewegung war. Konnte man da arbeiten, sich nützlich erweisen? Ja, man spannte das Waschseil auf und half der Waschfrau einen Korb nasser Wäsche aus dem Keller hinauf an das golden-blaue Licht der Erde tragen. So etwas zu tun ziemte sich an einem so schönen, bis in die letzten Winkel von Farben und Tönen durchzuckten, gleichsam hellgeschliffenen Tage. Und es gab eine ganze Reihe solcher Tage, wo man nur vom Bett aufstehen, sich zum Fenster hinauslehnen und mehrere Male hintereinander sagen musste: wie wundervoll!

Ja, aus dem Sommerland war ein Herbstland geworden.

LOSLASSEN LERNEN

Die Herbst-Tagundnachtgleiche, die auf den 22., 23. oder 24. September fällt, ist ein guter Anlass, um einmal innezuhalten, um dankbar zu sein, um zu genießen und zu entspannen.

An diesem Tag beginnt offiziell der Herbst, Tag und Nacht sind gleichlang, alles ist in perfekter Balance. Laut Astrologie wandert die Sonne ins Sternzeichen Waage, das Sternbild des Gleichgewichts. Deshalb ist die Tagundnachtgleiche auch ein wunderbarer Tag, um selbst etwas mehr Balance zu schaffen.
Im Garten bereitest du jetzt alles für den kommenden Winter vor und schaffst Ordnung. Wieso also nicht auch in deinem eigenen Leben? Bereite dich auf die kühlere Jahreszeit vor, indem du alten Ballast abwirfst wie die Bäume ihre Blätter. Nimm dir Zeit und mache einen Spaziergang. Dabei kannst du überlegen: Was tut dir nicht mehr gut? Was kannst du loslassen, um dich leichter zu fühlen?
Sammle auf deinem Weg kleine Herbstsouvenirs wie einen Ast, einen Tannenzapfen oder ein Blatt. Breite diese Dinge zu Hause vor dir aus. Jedes von ihnen symbolisiert etwas, das du loslassen möchtest. Nimm die Gegenstände nacheinander in die Hand und spüre ihr Gewicht. Bereite dann ein kleines Feuer vor, zum Beispiel im Kamin oder in einer feuerfesten Schale. Lege jeden Gegenstand nach und nach vorsichtig hinein. Denke dabei an das, was du loslassen möchtest, und übergib es behutsam den Flammen.

Herbstkerzen

Die Tagundnachtgleiche im Herbst verkündet auch die Ankunft der dunkleren Jahreszeit. Die Tage werden nun immer kürzer. Umso wichtiger ist es, ein kleines bisschen Licht ins Dunkel zu bringen. Zum Beispiel mit selbstgemachten Duftkerzen. Im Herbst sind Düfte wie Orange, Mandarine und Zimt besonders passend. Sie haben einen positiven Effekt auf unser Wohlbefinden.

Du brauchst

Altes Glasgefäß ♦ Wachsreste oder Kerzenwachs deiner Wahl ♦ Kerzendocht ♦ Ätherisches Bio-Öl, z. B. Orange (hebt die Stimmung), Mandarine (wirkt entspannend) oder Zimt (wirkt belebend) ♦ Topf und Wasserbad

Ein passendes, altes Glasgefäß gründlich reinigen. Das Wachs im Wasserbad schmelzen lassen. Wenn das Wachs flüssig ist, ein paar Tropfen eines Duftöls deiner Wahl zugeben und vorsichtig umrühren. Das metallene Ende des Dochts in das Wachs tauchen und am Boden des Glases befestigen. Das Wachs anschließend in das Glasgefäß füllen. Den Docht fixieren (zum Beispiel mit einer Wäscheklammer), wenn er nicht gerade stehen bleibt. Das Wachs dann vollständig auskühlen lassen.

Eine selbstgegossene Kerze eignet sich auch prima als kleines Mitbringsel oder als Dekoration für ein Herbst-Essen.

DEN HERBST MIT ALLEN SINNEN GENIESSEN ...

... das geht nicht nur beim Essen köstlicher Herbstgerichte, sondern auch mit unseren anderen vier Sinnen – Sehen, Hören, Riechen und Tasten.

Nutze doch deinen nächsten Spaziergang für eine kleine Achtsamkeitsübung und nimm einmal ganz bewusst deine Umgebung wahr. Was kannst du alles sehen? Welche kleinen Details nimmst du plötzlich wahr, wenn du dich ganz auf deine Augen konzentrierst?

Spitze mal die Ohren und höre aufmerksam zu. Hörst du das Rascheln der Blätter im Wind und die Geräusche der Waldtiere?

Atme tief ein. Welche Gerüche kitzeln dich in der Nase? Schließe die Augen und taste deine Umgebung ab. Was kannst du an deinen Fingerkuppen spüren?

Wenn du wenig Zeit hast, kannst du diese Übung auch wunderbar morgens am geöffneten Fenster durchführen und dabei die frische Herbstluft tief einatmen. Wie fühlt sich der Herbst für dich an?

LEBE JEDE JAHRESZEIT,
WIE SIE KOMMT!
ATME DIE LUFT, TRINKE,
SCHMECKE DIE FRÜCHTE
UND ÜBERLASSE DICH
IHREM EINFLUSS.

Henry David Thoreau

AUSZUG AUS
HERBST

Annette von Droste-Hülshoff

Wenn ich an einem schönen Tag
Der Mittagsstunde habe acht,
Und lehne unter meinem Baum
So mitten in der Trauben Pracht.

Wenn die Zeitlose übers Tal
Den amethistnen Teppich webt,
Auf dem der letzte Schmetterling
So schillernd wie der frühste bebt.

Dann denk' ich wenig drüber nach,
Wie's nun verkümmert Tag für Tag,
Und kann mit halbverschlossnem Blick
Vom Lenze träumen und von Glück.

HERBST

Detlev von Liliencron

Astern blühen schon im Garten;
Schwächer trifft der Sonnenpfeil
Blumen, die den Tod erwarten
Durch des Frostes Henkerbeil.

Brauner dunkelt längst die Haide,
Blätter zittern durch die Luft.
Und es liegen Wald und Weide
Unbewegt im blauen Duft.

Pfirsich an der Gartenmauer,
Kranich auf der Winterflucht.
Herbstes Freuden, Herbstes Trauer,
Welke Rosen, reife Frucht.

Ich bin so froh,
in einer Welt zu leben,
in der es Oktober gibt.
Lucy Maud Montgomery

AUS FREMDER SEELE

Lou Andreas-Salomé

Die Blätter fielen.
Aus den Wipfeln der alten breitästigen
Linden, die mitten im Dorf die Kirche umstanden,
sank ein Blatt nach dem andern über die
niedrige Mauerbrüstung des Kirchhofs hinab.
Schon war der Spätherbst weit vorgerückt
und nur die selten günstige Witterung hatte dem
nordischen Oktober noch einen Anflug von
Sommerschönheit gelassen. Reiche Farbenpracht
verhüllte das stille Welken ringsumher
und breitete sich darüber aus wie ein in Gold
und Rot gesticktes Feierkleid.

WALDBADEN

Wenn sich die Blätter bunt färben und im Herbstwind rascheln, gibt es wohl keinen schöneren Ort auf der Welt als den Wald. Ein Waldspaziergang ist aber auch gut für den Körper.

Waldbaden wird deshalb in Japan sogar von Ärztinnen und Ärzten als Medizin für gestresste Menschen verordnet. *Shinrin-Yoku* ist der japanische Begriff für das Konzept des Waldbadens. Es bedeutet, vollkommen in die Unberührtheit und Ruhe der Wälder einzutauchen. Und es funktioniert: Ein Besuch im Wald kann nachweislich den Blutdruck senken, die Atmung verbessern und Stress abbauen. Das liegt an den pflanzlichen Botenstoffen, die in der frischen Waldluft zu finden sind und von uns eingeatmet werden. Diese stärken sogar unser Immunsystem. Doch auch für die Seele ist der Wald im Herbst ein besonders magischer Ort. Ein Herbstblatt sinkt sanft zu Boden, ein Eichhörnchen flitzt vorbei und die Herbstsonne lässt die Baumkronen golden schimmern. Hier im Wald scheint die Zeit ein bisschen langsamer zu vergehen und die Schnelllebigkeit und Hektik der Welt sind für eine Weile ganz weit weg.

Duftende Waldseife

Diese Seife riecht wie ein Spaziergang im Herbstwald. Sie ist ganz einfach herzustellen und ein perfektes, kleines Geschenk für einen lieben Menschen.

Du brauchst

1500 g Glycerinseife ♦ Ätherisches Fichtennadelöl (Bio-Qualität) ♦ Seifenform aus Silikon

Optional

Tannennadeln ♦ Seifenfarbe deiner Wahl

Die Seife in kleine Stücke schneiden und vorsichtig in der Mikrowelle oder im Wasserbad erhitzen. Ein paar Tropfen des Duftöls dazugeben und – wenn gewünscht – ein paar Tropfen der Seifenfarbe. Möchtest du einen kleinen Peeling-Effekt erzielen, dann streue zusätzlich ein paar Tannennadeln in die Gießform. Die flüssige Seife in die Formen füllen und gut abkühlen lassen. Zuletzt die Seife aus der Form drücken und für einige Tage trocknen lassen. Fertig ist deine Waldseife!

IM HERBSTWALD

Adalbert Stifter

Und die alte Ruhe war wieder über dem Walde. – Zuweilen, wenn das silberne Schiff, die Wolke, einzeln durch die Bläue zieht, so geht unten ein Schatten über den Wald und dann steht wieder dasselbe feste Licht auf seiner ganzen Breite – oder wenn das Stahlgrau des Spätherbstes fest über die ganze Himmelskuppel gegossen liegt, so tritt ein Sonnenstrahl heraus und küsset aus dem fernen Buchenhange ein goldnes Fleckchen, das gegen den Rand zieht und von ihm unsichtbar in die Luft tritt, nachher ist dasselbe Grau über alle Weiten. Und so war es mit den Schwestern.

Sonnen waren wieder gekommen und waren wieder gegangen, aber sie wurden immer kürzer und kühler. Gregor traf allerlei Vorkehrungen. Das Tor an den Pflöcken stand nachgerade wieder offen, weder gesperrt noch eingeklinkt, und die Mädchen konnten wieder auf ihrer Wiese weit und breit gehen und sie taten es auch.

Am Hause sammelte sich gemach eine Schicht Brennholzes nach der andern, von den Knechten aus den Gaben des Waldes gelesen; denn Gregor ließ nicht zu, dass ein frischer Baum gefällt werde – eine Mooshülle begann man über die Wände zu weben, das Winterkleid des Hauses.

Der zarte, schwerfällige Sohn des Spätjahres hatte sich bereits eingestellt, der Nebel, und oft, wenn die Schwestern an der noch immer sonnenwarmen Wand ihrer Felsen saßen, die einzelnen Glanzblicke des Tages genießend, so wogte und webte er draußen, entweder Spinnweben über den See und durch die Täler ziehend oder silberne Inseln und Waldesstücke durcheinanderwälzend, ein wunderbar Farbengewühl von Weiß und Grau und der roten Herbstglut der Wälder; dazu mischte sich die Sonne und wob heiße, weißgeschmolzne Blitze und kalte, feuchte, blaue Schatten hinein, dass ein Schmelz quoll, schöner und inniger als alle Farben des Frühlings und Sommers. Und wenn die Mädchen dann so schweigend hinaussahen, so rieselte es neben ihnen leise und ein oder zwei blutrote Blätter des Waldkirschbaumes fielen zu ihren Füßen. Sie saßen da und sahen selber herbstlich trauernd dem Schauspiele zu, ahnend, wie majestätisch der Winter hier sein müsse, da sich ihm ihre Wildnis mit solcher Feierlichkeit und Stille entgegenrüste.

HERBST

Ferdinand von Saar

Der du die Wälder färbst,
Sonniger, milder Herbst,
Schöner als Rosenblüh'n
Dünkt mir dein sanftes Glüh'n.

Nimmermehr Sturm und Drang,
Nimmermehr Sehnsuchtsklang;
Leise nur atmest du
Tiefer Erfüllung Ruh'.

Aber vernehmbar auch
Klaget ein scheuer Hauch,
Der durch die Blätter weht:
Dass es zu Ende geht.

HERBSTBILD

Friedrich Hebbel

Dies ist ein Herbsttag, wie ich keinen sah!
Die Luft ist still, als atmete man kaum,
Und dennoch fallen raschelnd, fern und nah,
Die schönsten Früchte ab von jedem Baum.

O stört sie nicht, die Feier der Natur!
Dies ist die Lese, die sie selber hält,
Denn heute löst sich von den Zweigen nur,
Was vor dem milden Strahl der Sonne fällt.

HERBSTSCHÄTZE FINDEN

Im Herbst schenkt uns die Natur noch so einige Köstlichkeiten, die du bei einem Waldspaziergang sammeln kannst. Die Herbstmonate September und Oktober gelten als beste Zeit, um Pilze zu sammeln. Maronen-Röhrlinge, Steinpilze, Herbsttrompeten, Schopftintlinge und Pfifferlinge haben jetzt Saison.

Das Sammeln setzt zwar Wissen, um giftige Sorten zu vermeiden, voraus, doch es macht großen Spaß, die kleinen Schätze am Waldboden zu entdecken.

Auch Himbeeren, Erdbeeren, Holunderbeeren und Brombeeren sind oft noch bis in den Herbst hinein reif und auch wilde Kräuter wie Heidekraut, Brennnessel, Löwenzahn, Johanniskraut und Glockenblume gibt es reichlich zu finden. Zu dieser Jahreszeit kannst du vor allem ihre Wurzeln und Samen sammeln und verarbeiten.

Hasel- und Walnüsse sind wahre Herbstklassiker. Aber wusstest du, dass Bucheckern nicht nur bei Eichhörnchen beliebt sind, sondern auch im Salat lecker schmecken? Nachdem du sie geschält und erhitzt hast, kannst du sie über dein Essen streuen. Auch Esskastanien sind im Herbst reichlich vorhanden. Ritze ein Kreuz in ihre Schale und röste sie für 20 Minuten bei 180 °C im Backofen.

Halte also bei deinem nächsten Spaziergang die Augen offen und lasse dich von der Natur reich beschenken!

Herbstkranz binden

Den Herbst nach Hause holen - das geht nicht nur mit essbaren Köstlichkeiten, sondern auch mit herbstlichen Dekoelementen aus der Natur. Lass uns einen Herbstkranz binden!

Du brauchst

Herbstpflanzen, z.B. Hortensien, Hagebutten, Strohblumen, Fetthenne, Lampionblumen, Dahlien, Chrysanthemen, Astern, Gräser und Zweige, Heidekraut und Efeu • Gartenschere • Blumendraht • Stroh- oder Weidenkranz • Band zum Aufhängen

Die Herbstblumen und -pflanzen mit einer Gartenschere auf eine Länge von 15-20 cm zuschneiden. Jeweils ein paar Pflanzen zu kleinen Büscheln formen. Dann Reihe für Reihe die Büschel mit Draht am Kranz festbinden. Verschiedene Pflanzen sollte sich dabei immer abwechseln, damit ein harmonisches Bild entsteht. Die Stiele des letzten Büschels unter der ersten Reihe verstecken und festbinden, damit kein Übergang sichtbar ist. Fertig ist dein bunter Herbstkranz! Befestige ein Band an dem Kranz, falls du ihn aufhängen möchtest.

ATEMLOSER AUGUST

Max Dauthendey

Sommermonde machen Stroh aus Erde,
Die Kastanienblätter wurden ungeheuer von Gebärde,
Und die kühnen Bäume stehen nicht mehr auf dem Boden,
Drehen sich in Lüften her gleich den grünen Drachen.
Blumen nahen sich mit großen Köpfen und scharlachen,
Blau und grün und gelb ist das Gartenbeet, hell zum Greifen,
Als ob grell mit Pfauenschweifen ein Komet vorüberweht.
Und mein Blut, das atemlos bei den sieben Farbenstreifen stille steht,
Fragt sich: wenn die Blum', Baum und Felder sich verschieben,
Ob zwei Menschen, wenn die Welt vergeht,
Zweie, die sich lieben, nicht von allen Wundern übrig blieben.

ÄPFELLESE

August Heinrich Hoffmann
von Fallersleben

Das ist ein reicher Segen
In Gärten und an Wegen!
Die Bäume brechen fast.
Wie voll doch alles hanget!
Wie lieblich schwebt und pranget
Der Äpfel goldne Last!

Jetzt auf den Baum gestiegen!
Lasst uns die Zweige biegen,
Dass jedes pflücken kann!
Wie hoch die Äpfel hangen,
Wir holen sie mit Stangen
Und Haken all' heran.

Und ist das Werk vollendet,
So wird auch uns gespendet
Ein Lohn für unsern Fleiß.
Dann zieh'n wir fort und bringen
Die Äpfel heim und singen
Dem Herbste Lob und Preis.

HERBSTTAG

Rainer Maria Rilke

Herr, es ist Zeit. Der Sommer war sehr groß.
Leg deinen Schatten auf die Sonnenuhren
Und auf den Fluren lass die Winde los.

Befiehl den letzten Früchten, voll zu sein;
Gib ihnen noch zwei südlichere Tage,
Dränge sie zur Vollendung hin und jage
Die letzte Süße in den schweren Wein.

Wer jetzt kein Haus hat, baut sich keines mehr.
Wer jetzt allein ist, wird es lange bleiben,
Wird wachen, lesen, lange Briefe schreiben
Und wird in den Alleen hin und her
Unruhig wandern, wenn die Blätter treiben.

HYGGELIGE HERBSTZEIT

Wenn draußen die Herbstwinde wehen und die Temperaturen sinken, ist es natürlich höchste Zeit, um es sich zu Hause so richtig gemütlich zu machen. In Dänemark gibt es dafür ein ganz wunderbares Wort: *Hygge*.

Hygge beschreibt das entspannte Gefühl, sich einzukuscheln, den Moment zu genießen und behagliche Stunden mit Freunden und Familie zu verbringen. *Hygge* ist flackernder Kerzenschein, heiße Getränke, prasselnde Regentropfen auf den Fensterscheiben, ein heißes Schaumbad, knisterndes Kaminfeuer, lustige Brettspielabende und eigentlich alles, was so richtig gemütlich ist. Natürlich gibt es keinen besseren Zeitpunkt als den Herbst, um *Hygge* zu zelebrieren. *Hygge* vertreibt jeden Anflug von schlechter Laune, wenn das Licht schwindet und das Wetter umschlägt. Frag dich deshalb doch mal, wie du dein Leben *hyggeliger* machen kannst. Fehlt es deinem Zuhause vielleicht noch an warmen Lichtquellen, gemütlichen Stoffen oder schönen Kerzen? Kannst du mal wieder einen schönen Abend mit deinen Freunden veranstalten? Oder eine kleine Kaffeepause bei Kerzenlicht einlegen? *Hygge* ist ein Lebensgefühl, das die kühlen und dunklen Monate erhellt. Probiere es also mal aus!

GEBORGENHEIT IST
FREILICH EIN STÄRKERES
WORT FÜR GLÜCK.
Johann Wolfgang von Goethe

ZAUBERHAFTE REGENTAGE

Nebel, Sonne, Wind und Regen ... der Herbst steckt voller Überraschungen. Doch nur, weil das Wetter schlecht ist, heißt das noch lange nicht, dass man den Herbst nicht genießen kann. Ganz im Gegenteil!

HIER SIND EIN PAAR SCHÖNE UND GEMÜTLICHE IDEEN FÜR EINEN REGENTAG:

EINE SPANNENDE AUSSTELLUNG IM MUSEUM BESUCHEN

EIN FOTOALBUM BASTELN

IN EINEM BUCHLADEN STÖBERN UND EIN NEUES LIEBLINGSBUCH KAUFEN

BILDER IN DEN REGENWOLKEN SUCHEN

EINEN WÄRMENDEN EINTOPF KOCHEN

EIN SCHAUMBAD GENIESSEN

DEN REGENTROPFEN LAUSCHEN UND DABEI EINE HEISSE TASSE TEE TRINKEN

EINEN SPIELEABEND MIT FREUNDINNEN UND FREUNDEN VERANSTALTEN

DEN LIEBLINGSKUCHEN BACKEN

BEI EINEM SAUNAGANG IN DER THERME AUFWÄRMEN

DER HERBST

Georg Heym

Viele Drachen stehen in dem Winde,
Tanzend in der weiten Lüfte Reich.
Kinder stehn im Feld in dünnen Kleidern,
Sommersprossig, und mit Stirnen bleich.

In dem Meer der goldnen Stoppeln segeln
Kleine Schiffe, weiß und leicht erbaut,
Und in Träumen seiner leichten Weite
Sinkt der Himmel wolkenüberblaut.

Weit gerückt in unbewegter Ruhe
Steht der Wald wie eine rote Stadt.
Und des Herbstes goldne Flaggen hängen
Von den höchsten Türmen schwer und matt.

Kürbis-Kartoffel-Eintopf

Wenn es draußen Bindfäden regnet, wenn es nieselt, schüttet, tröpfelt oder gießt, schmeckt ein wärmender Eintopf ganz besonders gut.

Zutaten

1 Hokkaidokürbis ♦ 300 g festkochende Kartoffeln ♦ 2 Karotten ♦ 250 g Sellerie ♦ 2 Zwiebeln ♦ 2 EL Olivenöl ♦ 800 ml Gemüsebrühe ♦ Majoran, Salz, Pfeffer, Paprika edelsüß ♦ 200 ml saure Sahne ♦ frischer Schnittlauch

Den Kürbis waschen, halbieren und mit einem Löffel von den Kernen befreien. Anschließend in 2 cm große Würfel schneiden. Die Kartoffeln, Karotten und den Sellerie waschen, schälen und in Würfel schneiden. Die Zwiebeln ebenfalls schälen und würfeln. Das Olivenöl in einem großen Topf erhitzen und das Gemüse darin fünf Minuten anbraten. Alles mit Majoran, Salz, Pfeffer und Paprika edelsüß würzen und mit Gemüsebrühe ablöschen. Kurz aufkochen lassen und anschließend abdecken und auf mittlerer Stufe für ca. 25 Minuten köcheln lassen. Dabei ab und zu umrühren. Die saure Sahne mit etwas Paprikapulver und Salz mischen. Den Schnittlauch waschen, trocknen und fein hacken. Den Eintopf noch einmal abschmecken, in tiefen Tellern servieren und nach Belieben mit der Paprikacreme und dem Schnittlauch garnieren.

IM BUNTEN WALD

Hermann Löns

Der Nebelung ist ein harter Herr; was er sagt, das gilt. Ein Blick von ihm und der Espenbaum wird blass; ein Wink und die Linde ist kahl; ein Wort und die Pappel gibt ihr Goldlaub her. Mit dem Weinmond lässt sich noch reden; wenn er auch rauh tut, er meint es nicht so schlimm. Sein Nachfolger aber besteht bis zum letzten Buchstaben auf seinem Scheine und dieser besagt: Das Laub soll fallen und diese Blume muss welken, stumm wird der Vogel und es stirbt der Wurm.

Den bunten Rock, den der Frühherbst dem Wald schenkte, nimmt der Spätherbst ihm fort; die Lieder, die die Herbstsonne die Amsel lehrte und den Star, verbietet der gestrenge Herr ihnen, der Falter versteckt seiner Schwingen Sammet und Scharlach in einer Rindenritze und die Hummel, die um die letzte Kleeblume flog, wird zum langen Schlaf in das Moor geschickt.

Freilich, so leicht wie sonst wird es dem harten Herrn in diesem Jahre nicht, seinen Willen durchzusetzen. Zuviel Saft ist im Holze, zu viel Kraft in den Wurzeln und weil im Sommer die Sonne fehlte, lebten die Blätter der Bäume langsamer denn je. Nach Sonnensommern waren die hohen Birken um diese Zeit schon längst nackt und kahl; heute aber leuchtet ihr goldfarbiges Laub noch lustig vor den schwarzen Kiefern, die mit mürrischen Gesichtern darauf warten, dass sie allein dort zur Geltung kommen. Ein Weilchen werden sie noch lauern müssen. Die Birken haben bald ausgespielt; sie tun zwar so, als sei es ein Spaß für sie, die grüne Wintersaat mit gelben Blättern zu bestreuen, aber morgen schon ist es aus mit diesem kurzweiligen Spiele. Die Rotbuchen sind zäher; da ist noch manche, die sich nicht ergeben will und so grün da steht, als sei sie zwei Monate im Kalender zurück, und die Eichen lehnen die Zumutung, dem Herbst zulieb das braune Kleid anzulegen, mit Hohngebrumm ab.

Das hilft ihnen aber alles nichts, wollen sie heute nicht, so müssen sie morgen. Eine Buche nach der anderen fügt sich der Vorschrift und kleidet sich dem neuen Herrn zuliebe in Goldgelb und Feuerrot, um dann Stück für Stück der bunten Tracht wieder abzulegen und schließlich arm und leer dazustehen. Den Eichen wird es nicht besser gehen, diese und jene Krone bräunt sich schon, dichter wird der braune Teppich zu ihren Füßen und eines Tages haben sie nichts mehr vor den Buchen voraus als den Ruhm, länger ausgehalten zu haben.

Es lohnt sich schon, diesem Kampf zwischen dem Walde und dem Wetter zuzusehen, wo der Boden rot ist von den Wunden, die der Herbst dem Wald schlug. Niemals in Jahre, selbst im leichtsinnigen lustigen Brachmonde nicht, ist der Berg so bunt wie zur jetzigen Zeit und so kahl sind die Wege und Raine noch nicht, als dass sich nicht noch ein bescheidener Strauß letzter Blumen finden und binden ließe mit einem prangenden Hintergrunde von goldenem Blattwerk und silbernen Grasrispen, ein wirklicher, handgreiflicher Strauß oder einer, der nur in der Erinnerung blüht. Und es ist auch noch nicht so rot und still im Walde, dass nicht ein lustiger Laut, ein froher Ruf die Stille unterbräche oder die schwermütigen Herbstlieder der Kronen auf einen fröhlicheren Ton stimmte.

Die alten Eichen am Eingange des Fahrweges brummen ärgerlich und die hohen Buchen murmeln zornig; der Grünspecht aber lacht den Wind aus; wenn er von Stamm zu Stamm fliegt, funkelt sein roter Scheitel, leuchtet sein maigrüner Rücken in der Sonne so unvorschriftsmäßig sommerfarbig, dass die winzigen Goldhähnchen, die in dem winterdunklen Nadelwerk der Kiefern schüchtern piepend umherhuschen, ein keckes Gezwitscher erheben, dass der Fink noch einmal so laut seinen Lockton hören lässt und der Zaunkönig im Rosenbusche zu singen anhebt, als wäre der Frühling eben in den Wald gezogen.

Mag auch immer wieder brummiges Südwestgewölk über die Berge kriechen, die Sonne lässt sich nicht unterdrücken. Sie erobert sich die bunten Abhänge, nimmt das lachende Tal ein, gibt der jungen Saat Maigrün und kleidet den Wald in Zauberfarben. Mit klirrendem Lustschrei jagen sich die blitzenden Krähen in der Luft, der Bussard schickt aus der Höhe seinen klingenden Ruf hinab und der Goldammerhahn auf dem Schlehenbusch findet das kleine Lied wieder, das er im jungen Sommer sang, als der Rain zwischen Wald und Feld bunt von Blumen war und voll von fröhlichem Volk.

So ganz kahl ist er heute noch nicht. Wer sich oft genug bücken mag, findet bunten Lohn. Hier und da lebt noch eine rote Flockblume oder ein weißer Stern, die sich vor der Sichel retteten, überall schimmern die kecken Maßliebchen, weiße Dolden stehen bei rosigem Tausendgüldenkraut, Hahnenfuß und Habichtskraut recken ihre gelben Blüten über das Gras, mit blauer Farbe können Braunwurz und Flockenblume dienen und damit auch das grelle Rot nicht fehle, sprengt am Grenzsteine der wilde Mohn seine allerletzte Knospe, während den Graben entlang das Landrohr seine Silberrispen im Winde schwenkt und im Weißdornhagen die blanken Beeren wie Korallenketten leuchten. Über den letzten Blumen aber schwebt und summt es von blitzenden Fliegen und schimmernden Wespen. Nicht viele sind es mehr, aber doch immer genug, um Leben an den Rain zu bringen, und wie die Sonne voll auf den Waldrand fällt, wirbeln Wolken silberner Wintermücken dahin.

Im Walde selbst ist es auch farbig genug, soweit die Sonne reicht. Da funkelt das bunte Laub, da wehen die Zweige und winken die Äste lustig und munter, in mailichem Grün prangt der grasige Weg und das Reh, das mitten im Wege steht, bekommt eine warme Farbe, als trüge es noch sein rotes Sommerhaar. Eine Buche, die voll im Lichte steht, sieht aus, als hätte sie eben erst ihr Laub entfaltet, die krausen Stechpalmenhorste unter ihr sprühen silberne Funken umher, die Wedel der Farne verjüngen sich in der Sonne, die grauen Stämme nehmen den Ton alten Silbers an und das Falllaub zwischen ihnen bekleidet den Abhang mit einem prunkvollen Teppich.

Finkenschlag und Drossellied hat der Wald nicht mehr und Mönch und Laubvogel sind lange fort; steht die Sonne aber vor den Wolken, dann flötet die Sprechmeise, lockt der Baumläufer, Meisentrupps erfüllen die Kronen mit lustigen Lauten, Krammetsvögel lärmen dahin, der Dompfaff flötet durch das Unterholz, die Eichelhäher schimpfen von Baum zu Baum und ihre nordischen Vettern, die seltsamen, langschnäbligen Nusshäher, seit langen Jahren einmal wieder hier zugereist, mischen fremde Laute in die bekannten Töne.

Im hohen Ort, wo die Sonne nicht hinkam, ist es still und stumm und nur das Geraschel des Laubes geht um. Im Lichtschlage nebenan lodern alle Farben der Wellen durcheinander und finden sich wieder in dem funkelnden Gefieder des Fasanenhahnes, der so stolz auf dem moosigen Buchenstumpfe hockt, als meine er, der Wald bemühe sich, ihm gleichzukommen an Glanz und Pracht, bis der Wind auffrischt und den bunten Narren in die Dickung scheucht.

Nun aber wird es erst recht lustig auf der Rodung. Das ist ein Gezucke und Gezappel und Gerucke und Gerappel, ein Funkeln und Flammen, ein Lodern und Leuchten, wild und toll; aus allen Kronen rieselt es herab, es wirbelt über die Blöße, als schwebten tausend goldene Schmetterlinge dahin, es schwebt und gleitet, tanzt und springt, fliegt und flattert, wirbelt und wimmelt, dass es dem Hasen, der stillzufrieden im Lager sitzt, nicht mehr hier gefällt und er zu Felde rückt, wo er vor dem Laubfalle Ruhe hat. Und so wie er fort ist, verschnauft der schabernacksche Wind und still ist es wieder im Walde.

Der Wind nahm die Sonne mit. Fahl sind die Höhen, trübe die Gründe, fort ist das rote Gold, verschwunden das schimmernde Silber, grau sind die Stämme und braun ist das Laub. Was eben so lustig klang, vom Tale her des Hundes Gebell, des Hahnes Ruf, heiser und hart klingt es jetzt, trübselig mutet der Dompfaffen Lockton an, hässlich der Häher Gekreisch und die letzte Blume am Wegerand wirkt wie ein verlegener Witz in einem Sterbehause.

Über die Berge kommt die Dämmerung gekrochen, steigt in das Tal hinab und schiebt sich in den Wald, heuchlerische Tränen vergießend und verlogene Seufzer ausstoßend. Die Schatten rücken zusammen und drängen die Farben fort, jeder frohe Laut geht im hohlen Blättergeruschel unter und irgendwo hinten im Walde spukt einer Eule gespenstiger Pfiff umher. Aus ist es für heute mit des Waldes Pracht. Mit der Sonne kann sie wiederkommen, ist die Nacht vorüber. Mit jedem Morgen wird sie geringer sein. Schließlich bleibt nichts von ihr übrig als mürrische Stämme und ernste Kronen. Von allen den frohen Stimmen behält der Wald nur einen leisen Lockton, einen rauhen Ruf. Die Blumen am Raine fallen um, die blitzenden Fliegen vergehen. Der Herbst kommt zu seinem Rechte.

Heute kämpft er noch darum, muss sich noch viel bemühen, ehe er die Farben tötet, bis kein Mensch mehr pflücken kann einen bunten Spätherbststrauß im bunten Wald.

ZEIT DER DANKBARKEIT

In vielen Kulturen werden im Herbst Erntedankfeste gefeiert. Bei diesen Festen wird die Dankbarkeit über die erfolgreiche Ernte des Sommers ausgedrückt, man bedankt sich bei Mutter Erde und der Natur und blickt voller Stolz auf das, was man selbst geleistet hat. Das deutsche Wort »Herbst« ist sprachlich eng mit dem englischen Wort »harvest« verwandt, was Ernte(zeit) bedeutet.

Der Herbst ist also eine Zeit der Dankbarkeit. Das kann auch für dich ein schöner Anlass sein, um einmal zu überlegen, für was du besonders dankbar bist. Was konntest du in diesem Jahr bereits »ernten«, welche Erfolge konntest du feiern? Welche Glücksmomente wurden dir geschenkt? Gibt es jemanden, bei dem du dich gerne einmal bedenken möchtest? Vielleicht wird es dich überraschen, wie viel Fülle du in deinem Leben entdecken kannst, wenn du deine Aufmerksamkeit bewusst auf das lenkst, was du bereits hast – und nicht auf das, was dir vielleicht noch fehlt. Wenn du möchtest, dann sammle draußen einige Herbstblätter oder schneide buntes Tonpapier in Blätterform aus und schreibe auf jedes eine Sache, für die du dankbar bist. Hänge die Blätter dann an einen Ort, an dem du sie gut sehen kannst. Dort können sie dich daran erinnern, wie schön und reich dein Leben doch ist und wie viel du hast, worüber du dich freuen kannst.

Vogelfutter-Gugelhupf

Warum nicht auch der Natur einmal Danke sagen? Auch unsere gefiederten Freunde freuen sich im Herbst und Winter über eine kleine Aufmerksamkeit.

Du brauchst

250 g Kokosfett
1 Tasse loses Vogelfutter
Gugelhupf-Förmchen aus Silikon
Band zum Aufhängen

Das Kokosfett in einen Topf geben und langsam erhitzen, bis es geschmolzen ist. Den Topf vom Herd nehmen und das Vogelfutter einrühren. Etwas auskühlen lassen und warten, bis alles etwas fester geworden ist.

Noch einmal kräftig umrühren und die Masse dann in die Silikonförmchen füllen. Die Vogelfutter-Gugelhupfe dann über Nacht auskühlen lassen und am nächsten Tag vorsichtig aus der Form lösen. Ein Band durch das Loch in der Mitte fädeln und die Futter-plätzchen an einem vogelsicheren Ort aufhängen, der von Katzen möglichst nicht erreicht werden kann. Fertig ist dein kleines Erntedankfest für die Vögel!

NOCH IST DIE BLÜHENDE GOLDENE ZEIT

Otto Roquette

Noch ist die blühende goldene Zeit,
O du schöne Welt, wie bist du so weit!
Und so weit ist mein Herz und so froh wie der Tag,
Wie die Lüfte, durchjubelt von Lerchenschlag!
Ihr Fröhlichen, singt weil das Leben noch mait:
Noch ist die schöne die blühende Zeit,
Noch sind die Tage der Rosen!

Frei ist das Herz und frei ist das Lied,
Und frei ist der Bursch, der die Welt durchzieht,
Und ein rosiger Kuss ist nicht minder frei,
So spröd und verschämt auch die Lippe sei.
Wo ein Lied erklingt, wo ein Kuss sich beut,
Da heißt's: Noch ist blühende goldene Zeit,
Noch sind die Tage der Rosen!

Ja im Herzen tief innen ist alles daheim
Der Freude Saaten, der Schmerzen Keim.
Drum frisch sei das Herz und lebendig der Sinn
Dann brauset, ihr Stürme, daher und dahin!
Wir aber sind allzeit zu singen bereit:
Noch ist die blühende goldene Zeit,
Noch sind die Tage der Rosen!

HERRLICHER HERBST!
MEINE SEELE IST AN IHN GEBUNDEN.
WENN ICH EIN VOGEL WÄRE,
WÜRDE ICH UM DIE ERDE FLIEGEN
UND DEN FORTLAUFENDEN
HERBST SUCHEN.

George Eliot

QUELLEN- UND LITERATURHINWEISE

Lou Andreas-Salomé, Auszug aus »Aus fremder Seele«, in: Aus fremder Seele, Eine Spätherbstgeschichte, dtv Verlagsgesellschaft mbH & Co. KG, München 2007

Ewald Arenz, Auszug aus »Alte Sorten«, in: Ewald Arenz, »Alte Sorten«, © DuMont Buchverlag, Köln 2019, S. 70-72

Otto Julius Bierbaum, Spätsommer, in: Das seidene Buch, Tredition Classics, Hamburg 2012

Wilhelm Busch, Im Herbst, in: Sämtliche Werke, Sechster Band: Zu guter Letzt, hrsg. von Otto Nöldeke, Braun & Schneider, München 1943

Max Dauthendey, Atemloser August, in: Die Lichter dunkeln, Ausgewählte Gedichte, hrsg. und mit einem Nachwort versehen von Klaus Kühnel, trafo Verlagsgruppe, Berlin 2017

Cassia Fletcher, Spätsommerritt, © bei der Autorin, 2023

Theodor Fontane, Herr von Ribbeck auf Ribbeck im Havelland, in: Werke, Schriften und Briefe, Abteilung I, Sechster Band, Nymphenburger Verlagsanstalt, München/Wien 1978

Curt Grottewitz, August, in: Sonntage eines großstädtischen Arbeiters in der Natur (1906), Karl Dietz Verlag, Berlin 1925

Curt Grottewitz, Auszug aus »September«, in: Sonntage eines großstädtischen Arbeiters in der Natur (1906), Karl Dietz Verlag, Berlin 1925

Friedrich Hebbel, Herbstbild, Spaziergang am Herbstabend, in: Gedichte, Eine Auswahl, Reclam Verlag, Stuttgart 1996

Georg Heym, Der Herbst, in: Werke, Mit einer Auswahl von Entwürfen aus dem Nachlass von Tagebuchaufzeichnungen und Briefen, Reclam Verlag, Stuttgart 2006

August Heinrich Hoffmann von Fallersleben, Äpfellese, in: August Heinrich Hoffmann von Fallersleben, Gedichte, Weidmann'sche Buchhandlung, Berlin 1843

August Heinrich Hoffmann von Fallersleben, Herbstlied, in: August Heinrich Hoffmann von Fallersleben, Das große Lesebuch, hrsg. von Heinz Ludwig Arnold, Fischer Verlag, Frankfurt am Main 2011

Peter Kurzeck, So ein milder Herbst, in: Kein Frühling, © Stroemfeld Verlag/Roter Stern, Frankfurt am Main/Basel 1987/2007

Friedo Lampe, Auszug aus »Im Ballon über Norddeutschland«, aus: Septembergewitter, in: Das Gesamtwerk, Am Rande der Nacht, Septembergewitter, Von Tür zu Tür, Aus dem Nachlass, © Rowohlt Verlag GmbH, Reinbek bei Hamburg 1986

Friedo Lampe, Sommer verglüht, in: 1400 Deutsche Gedichte und ihre Interpretationen, Band 8, Von Berthold Brecht bis Erich Kästner, Insel Verlag, Frankfurt am Main 2002

Hermann Löns, Im bunten Wald, in: Sämtliche Werke, Band 6, hrsg. von Friedrich Castelle, Hesse & Becker, Leipzig 1925

Eduard Mörike, Septembermorgen, in: Sämtliche Werke, Band I, Hanser Verlag, München 1954

Clara Müller-Jahnke, Spätsommer am Strand, in: Gedichte, Nach dem Erstdruck der Gesamtausgabe von 1910, Hofenberg, Berlin 2015

Wilhelm Raabe, Ländliche Idylle, in: Goldene Zeiten, Herbstgeschichten für die Seele, © St. Benno-Verlag GmbH, Leipzig 2013

Rainer Maria Rilke, Herbsttag, in: Sämtliche Werke, Erster Band, Gedichte, Erster Teil, Insel Verlag, Frankfurt 1955

Otto Roquette, Noch ist die blühende goldene Zeit, in: Waldmeisters Brautfahrt, Ein Rhein-, Wein- und Wandermärchen, Edition Holzinger, Berlin 2017

Andrea Schomburg, Herbstgeister, in: Ein Kragenbär mit rotem Kragen, der bloggte über Modefragen, Pattloch Verlag, München 2022

Adalbert Stifter, Im Herbstwald, in: Gesammelte Werke, Erster Band, Novellen I, Der Hochwald, München 1982

Kurt Tucholsky, Die fünfte Jahreszeit, in: Gesammelte Werke in 10 Bänden, Band 7, hrsg. von Mary Gerold-Tucholsky und Fritz J. Raddatz, Rowohlt, Reinbek 1969

Annette von Droste-Hülshoff, Auszug aus »Herbst«, in: Droste-Hülshoffs Werke in einem Band, Aufbau Verlag, Berlin/Weimar 1985

Joseph von Eichendorff, Herbst, in: Werke, Erster Theil, Gedichte, Mit dem Bildnis des Dichters, Simion, Berlin 1841

Detlev von Liliencron, Herbst, in: Herbstestagen bricht mit starkem Flügel, in: Adjudantenritte und andere Gedichte, Deutsche Verlags-Anstalt, Stuttgart 1924

Ferdinand von Saar, Herbst, in: Gedichte, Georg Weiss, Heidelberg 1888

Robert Walser, Es fing an zu herbsteln, in: ders., Sämtliche Werke in Einzelausgaben. Berner Ausgabe, Band 6: Der Gehülfe, © Suhrkamp Verlag, Berlin 2019

Josef Weinheber, Mein Glück, das müsste groß und leuchtend sein, Quelle unbekannt

Ein Imprint der Verlagsgruppe
Droemer Knaur GmbH & Co. KG, München

Text: Kristin Funk
Lektorat: Katharina Hepp, Pattloch Verlag
Gesamtgestaltung: Christina Krutz
Gesamtherstellung: Drukarnia Dimograf Sp. z o.o, Bielsko-Biała

Umschlagillustrationen: Shutterstock.com
Innenteil: S. 105 stock.adobe.com/Knipseria;
alle weiteren Abbildungen Shutterstock.com

ISBN 978-3-629-00979-1
www.geschenkverlage.de

2 4 5 3 1

FSC
www.fsc.org
MIX
Papier | Fördert
gute Waldnutzung
FSC® C018236